추월의
방정식

추월의 방정식

—선도형 과학기술은 어떻게 시작되는가

제1판 제1쇄 2023년 11월 30일

지은이 윤석진
펴낸이 이광호
주간 이근혜
편집 홍근철 김현주 최대연
마케팅 이가은 최지애 허황 남미리 맹정현
제작 강병석
펴낸곳 ㈜**문학과지성사**
등록번호 제1993-000098호
주소 04034 서울 마포구 잔다리로7길 18(서교동 377-20)
전화 02)338-7224
팩스 02)323-4180(편집) 02)338-7221(영업)
대표메일 moonji@moonji.com
저작권 문의 copyright@moonji.com
홈페이지 www.moonji.com

ISBN 978-89-320-4223-7 03320

추월의 방정식

윤석진
지음

선도형
과학기술은
어떻게 시작되는가

문학과
지성사

들어가며

　　아직 동트지 않은 이른 새벽에 하루를 시작해본 적이 있다면, 그 시간대만이 주는 힘과 매력을 알고 계시리라. 대부분이 그렇듯 바쁜 일상에서 오롯이 나만을 위한 시간을 내기란 쉽지 않다. 나의 경우 연구소 경영 업무를 시작하면서부터 더욱 그랬다. 그래서 시작한 것이 새벽 조깅이다. 새벽 조깅은 어둠 속에서 내 호흡과 생각에만 집중할 수 있다는 매력이 있다. 이 시간에만 볼 수 있는 으스름달과 서서히 피어나는 여명은 덤이다. 특히 고민이 깊고 머리가 어지러운 때에는 마음으로 선배 과학자들에게 지혜를 구해보기도 하는데, 동녘을 향해 뛰다 보면 옆에서 함께 뛰어주는 것 같은 기분이 든다. 선후배, 동료들을 생각하며 오늘도 나는 고민한다. 한국과학기술연구원KIST을 위해 그리고 과학기술 강국 대한민국을 위해 나는, 우리는 무엇을 해야 할까. 어떤 변화와 혁신이 필요할까.

*

1959년, 고故 최형섭 박사는 미네소타 대학에서 박사 학위를 취득한 뒤 주저 없이 한국으로 귀국했다. 한국인 최초로 금속공학 분야 박사 학위를 받은 그의 소식은 당시 주요 일간지에 보도될 정도로 큰 화제였다. 미국에 남아 세계적으로 권위를 인정받는 금속공학자가 될 수 있었음에도 과학기술 황무지와 같았던 고국을 선택한 것은, 한국 과학기술과 산업 발전이 그에게 소명이자 사명이었기 때문이었으리라. 그리고 그 첫번째 결과물이 바로 1966년 2월 10일 설립된 KIST이다.

1988년 KIST에 들어와 25년간은 연구자로, 10여 년간은 연구개발R&D 경영자로 살면서, 최형섭 박사의 앞선 행보를 항상 마음에 품었다. 물론 전 세계에서 가장 가난한 나라에 속했던 1960~70년대와 후발 산업국으로 국제사회에서 인정받기 시작하던 1980~90년대, 또 세계 10대 선진국으로 꼽힐 만큼 국가 위상이 올라간 2000년대 이후를 단순 비교하기는 어렵다.

정부 출연 연구기관 연구의 정체성은 '국가의 성장 동력을 확보하고, 사회문제를 해결할 수 있는 연구'이다. 1960년대 요구되었던 과학자의 역할은 피폐한 조국의 재건이었다는 점에 이견이 없다. 그렇다면 오늘날 우리가 정부 출연 연구기관에 요구하는 것은 무엇일까?

KIST 35년 생활을 돌아보면서 바로 이런 질문에 답하고 싶었다. 그렇게 생각의 단편을 정리해서 모으다 보니 이렇게 한 권의 책이 되었다.

*

날로 첨예해지는 기술패권 경쟁 시대, 대한민국은 갈림길에 서 있다. 우리를 둘러싼 상황이 호의적이지만은 않다. 1960~70년대 동서 냉전의 최전선이었던 한반도의 남쪽이라는 지정학적 위치는 분단이라는 대가를 치러야 했음에도 마냥 불리하지만은 않았다. 세계 최강대국 미국의 원조와 유·무형의 지속적인 지원은 한국이 후진국에서 중진국으로 도약하는 데에 모든 면에서 긍정적인 요소였다.

하지만 지금 한국은 냉전 이후 미국과 중국 갈등의 중

심에 서서 실리를 추구하기 위한 지정학의 고차방정식을 풀어야 할 처지가 되었다. 더구나 한반도 북쪽에는 핵무기를 보유한, 국제사회의 골칫거리 취급을 받는 독재 국가까지 있다. 그렇지 않아도 어려운 지정학적 과제에다 무시할 수 없는 안보 위협까지 가세한 것이다.

세계 10위권을 넘보는 경제와 세계 수위首位를 자랑하는 몇몇 산업의 성과도 불안정하다. 과거에 한 번도 경험해 본 적이 없는 저성장과 다양한 시장 불안 요인은 한국 경제의 지속 가능한 경쟁력에 의문을 제기하고 있다. 반도체, 자동차, 조선, 철강 산업 등에서 초격차를 유지하기 위한 시도는 미국, 유럽, 일본, 대만 등의 견제와 중국의 추격으로 성과를 못 내고 있다.

저출생, 고령화, 기후변화라는 전대미문의 구조적 위기도 커다란 방해물이다. 합계 출산율 '0.7'의 충격적인 숫자는 늙어가는 대한민국의 불길한 미래를 예고한다. 인류 번영의 토대였던 안정적인 기후의 종말을 예고하는 '1.5도'라는 목표치를 갈수록 지키기 어려운 상황도 우리 미래에 심각한 불확실성을 드리운다.

우리 과학기술계는 바로 이런 상황에서 난해한 '추월의 방정식'을 풀어야 한다. 57년 전의 해법이 '추격'이었다면, 지금 모색해야 할 해결책은 '선도'여야 한다. 이 책은 대한민국이 한 번도 시도해본 적 없었던 '선도형 과학기술'의 가능성을 모색한다.

*

선도형 과학기술의 '추월의 방정식'을 풀기 위한 가장 중요한 조건 가운데 하나가 리더십이다. 2020년 KIST 원장으로 취임하고 나서 선도형 과학기술을 만들기 위한 리더십의 역할모델을 만들어보고자 최선을 다했다. 그 성적표는 앞으로 내가 뿌려놓은 씨앗이 맺을 열매를 보면서 차근차근 확인할 수 있으리라.

국가 과학기술 정책을 둘러싼 최근의 혼란을 보면서 두 가지를 거듭 강조하고 싶다. 우리가 과거에 추격할 때에는 선택과 집중, 또 그에 따라서 극도의 효율성을 추구하는 일이 최우선이었다. 하지만 선도형 과학기술을 지향하기 위해서는 얼핏 보기에는 배가 산으로 가는 것과 같은 의도된 비효율성을 용납하는 여유까지 부려야 한다.

세상에 없었던 새로운 혁신, 지금까지와는 전혀 다른 사회의 필요를 현장의 과학자와 기술자가 날카롭게 포착하고 그것에 맞춤한 성과를 내려면 단시간의 피, 땀, 눈물이 아니라 오랜 시간 숙성한 다양한 시도와 그에 따른 뜻밖의 결과를 기다릴 줄도 알아야 한다. 원장 재임 시절 KIST에서 짧은 시간의 가시적인 성과에만 집착하는 문화를 버리게 한 것도 이 때문이다.

선도형 과학기술을 가능케 하기 위한 또 다른 조건은 자유로운 소통 문화다. 정치, 관료 혹은 선배가 방향을 가리키면 모두 일사불란하게 그쪽으로 달려가는 일은 추격할 때나 미덕이었다. 우리 앞에 있는 불확실성은 전 세계가 똑같이 경험하는 중이다. 모두가 한 번도 경험해본 적이 없는 위기 앞에서 누가 해답을 자신할 수 있단 말인가.

이럴 때일수록 사회의 요구, 선학의 지혜, 후학의 재기발랄함이 어우러져서 공동체가 나아갈 가장 바람직한 길을 찾아야 한다. 과학기술계에서도 위아래 안팎의 자유로운 소통 문화가 자리 잡아야 하고, 과학기술 리더십은 이것을 더욱더 장려해야 한다. 확실히 KIST는 바뀌고 있고, 앞으로 우리나라 과학기술계 전체가 바뀌어야 할 것이다.

*

내가 이 책에서 분석하고 평가하고 제안한 것들이 최

선이라고 우기지는 않겠다. 다만 35년간 정부 출연 연구기관의 현장 과학자로서, 또 경영자로서 쌓은 경험의 최선을 담아보려고 노력했다. 선도형 과학기술의 실현을 위해서 지금도 고군분투하는 한국 과학기술계의 여러 동료에게 이 책이 조금이라도 도움이 된다면 기쁘겠다.

아울러 이 책이 세상에 나올 수 있도록 허심탄회한 논의 상대가 되어주고, 그 밖에도 많은 도움을 준 KIST 기술정책연구소의 서덕록 실장, 김종주 팀장, 공성형 박사, 박지은 박사를 비롯한 연구원들에게 감사의 인사를 전하고 싶다.

마지막으로 홍릉에서 시간을 함께 보낸 KIST 동료, 선후배에게 이 책을 바친다. 연구자로서 경력을 시작할 때만 하더라도 원장은 점심시간에 얼굴 마주치는 것조차 껄끄러운 존재였다. 지금은 너 나 할 것 없이 선배이자 원장인 내게 스스럼없이 밝은 얼굴로 인사를 건네며 안부를 묻는다. 덕분에 행복했고, 지난 3년을 오랫동안 기억할 것이다.

2023년 11월
홍릉 KIST에서
윤석진

차례

들어가며 5

1부   **추격의 시대는 끝났다**

꾸준히 다오르는 불길 17
퍼스트 무버, 영원한 승자의 조건 24
재도약의 해법 29

인터뷰 최재천(이화여대 생명과학부 석좌교수) 33

2부   **미래 실행의 전략**

국가 연구 역량의 용광로 39
기술 패권 경쟁의 사령탑 47
개념 설계 역량 55
선도형 전략을 위한 나침반 62
정답 없는 기로에 서서 69
과학기술 정책의 철학 73

인터뷰 박상욱(서울대 과학학과 교수) 78

3부   **배는 산으로도 가야 하기에**

연구자 자존감을 일으켜라 83
도전적 연구개발 문화의 토대 89
"배는 산으로도 가야 한다" 96
다양성과 역동적 연구 문화 100
인재 확보의 방법 105
창업 생태계 운하 110
K-R&D 3.0을 향한 도전 120
더 많이 이기기 위한 다양한 목표 128

인터뷰 남기태(서울대 재료공학부 교수) 131

4부 　빅사이언스, 과학의 공공성

과학자에게는 국적이 있다 **139**
과감한 프로젝트에서 원대한 목표로 **144**
사회문제를 푸는 과학기술 협력의 힘 **149**
열두 척의 전선 **158**
결핵, 코로나, 공공 연구 **163**
과학 윤리가 필요하다 **171**

인터뷰 김소영(KAIST 과학기술정책대학원 교수) **177**

5부 　보이는 것보다 가까운 미래

연구개발의 디지털 전환 **185**
미래 패러다임 개척하는 KIST의 인공지능 **189**
스마트 파워 시대 **198**
새로운 산업혁명의 명암 **202**
천천히 서두르는 탄소중립 **206**
오래 준비해온 미래 **210**

참고문헌 **214**
추천의 말 **217**

1부

추격의 시대는 끝났다

꾸준히 타오르는
불길

    1868년, 일본 교토에서는 메이지 일왕의 즉위식이 치러졌다. 유럽, 미국 등을 역할모델로 삼은 메이지는 서양의 과학기술과 선진 문물을 받아들이는 적극적인 개방 정책, 교육·국방 개혁을 통해 부국강병에 매진했다. 메이지유신이 본격화하는 순간이었다. 그때 조선의 상황은 어땠나?

    대한제국의 고종 황제와 일본제국의 메이지 일왕은 같은 해에 태어나 비슷한 나이에 즉위했다. 메이지와 마찬가지로 고종도 1876년 강화도조약으로 개항한 이후 개혁에 앞장서는 등, 많은 부분에서 둘은 닮았다.

    일본에 비해 개항이 늦은 고종은 급변하는 국내외 정세에 기민하게 대응하고자 외교, 통상은 물론 군사, 재정

등을 총괄하는 통리기무아문을 설치했다. 또 신식 군대인 별기군을 조직하고 증기 군함의 구입을 추진하는 등, 쇠락해가는 대한제국을 다시 일으켜 세우려 노력했다.

그러나 본래 아무 실권이 없었던 메이지는 신분제를 철폐하고 보통교육을 실시하는 등, 군주권을 제한할 소지가 있던 과감한 개혁 조치도 거부감 없이 수용했다. 그러나 5백 년 조선왕조를 수성해야 하는 고종으로서는 개혁의 범위와 깊이에 한계가 있었다. 결국 1910년, 경술국치라는 고난을 당하고 말았다.

그로부터 113년이 지나 2023년을 맞았다. 그사이 한국은 독립을 쟁취하고, 동족상잔의 폐허에서 '한강의 기적'을 일궜다. 그 과정에서 군사정권을 역사 속으로 보내며 민주주의를 일궜을 뿐만 아니라, 최근의 전 세계적 'K-붐'으로 상징되는 문화 강국으로의 도약도 가능하게 했다.

아시아는 물론이고 전 세계를 통틀어 식민지 독립, 경제성장, 민주주의, 나아가 백범 김구가 꿈꾸던 '문화를 선도하는 나라'까지 이뤄낸 사례는 보기 드물다. 고종의 실패를 한 세기 만에 한국이 극복해낸 것이다. 하지만 2023년 대한민국호는 정치, 안보, 외교 분야 등에서 태풍, 쓰나미와 같은 격랑을 헤쳐나가야 한다.

일단 한국을 둘러싼 상황이 심상치 않다. 미-중 패권

대한제국의 첫 근대식 증기 군함, 양무호.

(사진: 인천개항박물관)

경쟁, 코로나19 바이러스의 엔데믹화, 이스라엘-하마스 전쟁, 국제 정세 불안으로 인한 글로벌 공급망 위기 등의 악재로 경제의 불확실성은 과거 어느 때보다 커졌다. 더구나 미국 연방준비제도FRB의 금리 인상, 또 자금 유출과 원화 약세에 대한 우려로 인해 미국과 한국의 금리 격차를 예의 주시할 수밖에 없는 한국은행의 금리 정책에 서민과 기업은 고통을 받고 있다. 오르는 물가에 더해서 경기 침체 가능성까지 예고되어, 미래는 갈수록 안갯속으로 빠져들고 있다.

한국의 대표적 기업인 삼성전자의 상황은 더 주의 깊게 살펴볼 부분이다. 어려워진 경영 환경도 문제이지만, 흔들리는 기술 초격차에 더 주목해야 한다. 시장조사 업체 카운터포인트리서치에 따르면, 2023년 2분기 삼성의 스마트폰 출하량 점유율은 20퍼센트로, 애플의 17퍼센트를 앞서 가까스로 세계 1위를 지켰다. 하지만 애플은 고가의 프리미엄이 붙은 '아이폰'으로 같은 시기 세계 스마트폰 업체들의 영업이익 가운데 85퍼센트를 가져가며 실속을 챙겼다(삼성전자의 경우 12퍼센트). 한편 초미세 반도체는 생산품 가운데 결함 없는 양품의 비율을 나타내는 '수율'을 개선하는 데 난항을 겪으면서, 80퍼센트 이상의 수율을 자랑하는 대만 TSMC 같은 경쟁 기업과의 반도체 전쟁에 내몰린 상황이다. 삼성전자가 한국 경제에서 차지하는 위상을 염두에 두면, 등골이 오싹해진다.

더구나 해양대순환이나 다름없는 거대한 흐름도 마주하고 있다. 사회, 경제, 산업 등 한국의 모든 미래를 결정할 첫번째 흐름은 생산연령인구(15~64세)의 감소다. 통계청 자료에 따르면, 한국의 생산연령인구는 2019년 3,762만여 명을 정점으로 감소 추세에 접어들었다. 경제 전문가 해리 덴트는 『2019 부의 대절벽』에서 '한국은 잃어버린 20년이 형용사로 붙는 일본보다 더 심각한 인구절벽에 직면할 것'이라 경고했다.[*]

둘째 흐름은 최근의 '챗GPT'와 같은 생성형 인공지능을 둘러싼 야단법석에서 확인된 초연결, 초지능의 새로운 산업혁명 시대가 본격화하고 있다는 것이다. 과학기술 변곡점으로서 새로운 산업혁명은 기존의 기술 경쟁력부터 산업 생태계까지 송두리째 바꿔버릴 것이다. 앞에서 언급한 삼성전자와 한국 반도체 산업을 둘러싼 위기가 바로 그 시험대다.

이 두 흐름을 들여다보면 하나의 시사점에 이른다. 개발도상국과의 경쟁은 차치하고서라도, 노동력과 토지,

[*] 해리 덴트, 『2019 부의 대절벽』, 안종희 옮김, 청림출판, 2017.

자본 등의 생산요소를 투입해 이루는 요소 주도factor-driven 성장은 더 이상 대안이 아니라는 것이다. 이제 한국에는 추가 투입할 생산연령인구가 없다. 1980년대 일본, 2000년대 한국 그리고 2010년대 중국이 누려온 규모의 경제 효과도, 새로운 산업혁명이 가져올 생산성 극대화에는 비할 바가 못 된다.

이럴 때야말로 연구개발 패러다임 전환을 통해 한국의 미래를 여는 혁신 성장이 필요하다. 사실 요소 주도 성장에서 탈피해 생산성 주도 성장으로 변모하자는 제언이 어제오늘만의 일은 아니었다. 퍼스트 무버로의 전환이라는 연구개발 패러다임의 변화는 20년 가까이 반복적으로 시도되어왔다. 그만큼 어렵고도 시간이 걸리는 일이다.

세계사를 살펴보더라도, 추격자에서 선도자로의 변모에 성공한 국가는 19세기 미국, 20세기 일본 정도다. 하지만 문제는, 기다려줄 수 있는 시간이 우리에게 많이 남지 않았다는 점이다. 92만 명에 달했던 1958년생을 시작으로 베이비붐 세대들이 순차적으로 정년을 맞고 있다. 게다가 1997년 외환 위기로 저출생이 가속화한 가운데, 약 62만 명으로 쪼그라든 1999년생이 대학을 졸업하고 경제활동에 본격적으로 참여하는 2025년 이후면 유입마저 급격히 줄어든다. 인구 감소가 경제에 부정적인 영향을 주는 현상이 본격화할 것이다.

우리는 150여 년 전 개항 후 개혁의 역사 속에서 연구개발 패러다임 전환을 촉진할 실마리를 찾을 수 있다. 바로 기득권을 유지하려는 행태와 타성에서 더 늦기 전에 벗어나는 것이다. 기존의 연구개발 기획, 관리, 평가의 틀은 지금껏 성공을 가져왔던 추격형 성장 모델의 철학을 토대로 형성됐다. 기존의 모델에서 상수만 조금씩 수정하는 방식으로는 패러다임의 변화를 기대하기 어렵다.

추격형 혁신에서 선도형 혁신으로의 변신은 서두르기만 한다고 되는 일은 아니다. 확고한 철학과 의지가 사회 구성원들 사이에서 공유되고, 지속적인 변화로 이어져야만 가능하다. 동유럽의 체제 변환을 이끈 사회운동가 스르자 포포비치에 따르면, 바람직한 혁신이란 지각의 변동을 유발하는 폭발보다는 오랜 시간 꾸준히 타오르는 불길이다.* 지금이 바로, 불길을 지필 때다.

---

* 스르자 포포비치·매슈 밀러, 『독재자를 무너뜨리는 법』, 박찬원 옮김, 문학동네, 2016, p. 98.

퍼스트 무버,
영원한 승자의 조건

당뇨병은 한국인의 건강을 위협하는 대표적 질병이다. 1970년대에는 1~2퍼센트 수준이던 30세 이상 성인의 당뇨병 유병률이 2020년에는 16.7퍼센트로 치솟았다. 당뇨병 전 단계 상태까지 포함하면 100명 가운데 35명이 당뇨병 위험에 처해 있다 하니, 가히 '당뇨 대란'이라 할 만하다.

세계적 베스트셀러 『총, 균, 쇠』의 저자 재러드 다이아몬드는 인류사적 관점에서 당뇨병에 대해 흥미로운 해석을 제시한 바 있다.* 바로 기근에 효과적으로 대응할 수 있도록 인체가 진화해온 과정과 당뇨병이 유관하다는 사

---

*　재러드 다이아몬드, 『총, 균, 쇠』, 강주헌 옮김, 김영사, 2023.

실이다. 먹을거리가 풍족할 때 충분히 섭취한 영양분은 췌장에서 분비된 인슐린에 의해 지방으로 저장됨으로써, 기근이 닥쳤을 때 인류의 생존 확률을 높였다. 그러나 기근이 사라진 20세기에는 영양분의 과잉 섭취로 췌장이 과로하게 되어 인슐린 분비 기능이 약화하기에 이르렀고, 그 결과 오늘날에는 당뇨 대란이라는 말까지 등장했다. 수만 년간 인류의 생존 가능성을 높여주던 영양분 저장 메커니즘이 이제는 위협이 되어버린 셈이다.

최근 우리 과학기술계와 산업계도, 과거의 강점이 약점으로 바뀐 측면이 없지 않다. 지난 50년, 한국은 유례없는 고속 성장을 이뤄왔다. 한정된 자원, 치열한 경쟁 속에서도 선택과 집중에 기반한 수출 중심의 경제성장과 '패스트 팔로우' 혁신 전략은 금과옥조였다. 미국이 기초 기술을 개발하고 독일, 일본이 상용화하여 시장을 개척하면, 한국은 추격형 혁신을 통해 시장을 장악했다. 이 과정에서 제도, 역량 등 시스템 전체가 이 두 전략에 최적화되었다. 기근에 대비해 우리 몸이 진화했듯, 한국은 추격형 혁신 전략에 맞춰 진화해왔다 할 수 있다.

하지만 우리를 둘러싼 환경도 급변하고 있다. 첫째, 더 이상 모방할 만한 앞선 기술, 성공이 보장되는 시장이 보이지 않는다는 점이다. 한국의 주력 산업은 어느새 세계와 어깨를 나란히 하고 있다. 2022년 기준 시장 점유율만 보아도 반도체는 17.7퍼센트(세계 2위), 자동차는 7.3퍼센트(세계 5위), 조선은 37퍼센트(세계 1위)를 차지한다. 미국, 일본은 우리를 곁눈질하고 있으며, 개발도상국은 지나 수십 년간 우리가 취했던 전략을 그대로 따르고 있다.

둘째, 세계의 공장을 자처하는 중국의 기술 수준이 많은 분야에서 우리와 대등하거나 일부 분야에서 더 앞선 것이다. 가전제품 시장은 물론 스마트폰, 소형 버스를 중심으로 자동차 시장마저 우리 안방을 슬금슬금 내주는 형세다. 추격형 혁신 전략이 더 이상 유효하지 않은 지금, 퍼스트 무버는 선택의 여지가 없는 유일한 대안이다.

문제는, 우리 과학기술과 산업 체질이 쉽게 변하기 어렵다는 점에 있다. 퍼스트 무버 전략을 설정해놓고도 정작 새로운 사업을 기획할 때는 선진국의 성공 사례를 찾아야만 마음이 놓인다. 연구 기획, 선정, 평가에도 선례가 필요하다. 또 '패스트 팔로우' 전략하에서 성공을 보장했던 선택과 집중 전략도 어려움을 겪고 있다.

이제 우리는 기술 재현, 성능 향상 연구에서 벗어나 세계 최고, 최초를 추구하는 선도형 연구로 나아가야 한다. 최초의 도전을 장려하고 문화로 정착시키기 위해선 부분적인 개선이 아닌 전체를 바꾸는 파괴적 혁신이 필수다.

관 주도 펀딩부터 추격형 연구에 최적화된 시스템까지 전부 바꿔야 한다. 이를 뒷받침하는 정책이나 제도도 마찬가지다.

당뇨병의 근본적 원인을 단숨에 제거하지 못하고 있듯, 퍼스트 무버로의 체질 개선도 긴 호흡으로 바라봐야 할지 모른다. 이 때문에 정부 역시 일관되게 과학기술 시스템의 혁신을 강조하는 한편, 최근에는 연구비를 관행적으로 분배하던 이른바 '연구비 카르텔' 해체에도 목소리를 높이는 등 강도 높은 개혁 정책을 제시하고 있다. 그러나 시간이 오래 걸리고, 단기적인 경제적 효율성을 보이지 않는다고 하여 황금알을 낳는 거위의 배를 가르는 우를 범해서는 안 된다. 국가 미래를 위한 연구개발 정책만은 일관성을 유지할 필요가 있다.

모두가 알고 있듯 진화는 환경에 가장 적합한 형질을 지닌 개체가 살아남는 자연선택에 의해 지배되는 프로세스다. 그렇다고 당뇨병에 취약한 개체가 퇴화하여 사라지도록 하는 것이 당뇨 대란의 해결책이 될 수는 없다. 식습관을 바꾸고 활동량을 늘리는 등 당뇨병을 예방하기 위한 노력을 게을리하지 않듯, 새로운 경제 환경에 대응하려면 우리 산업계와 과학기술계에도 각고의 노력이 수반되는 법이다.

영원한 승자의 조건으로서 『손자병법』은 응형무궁應形無窮의 정신을 든다. 끝없이 변하는 상황에 대응할 수 있어야만 이긴다는 의미로, 지금 우리에게 꼭 맞는 말이 아닌가. 지난 반세기 우리를 성공으로 이끈 추격형 혁신의 DNA, 이제는 퍼스트 무버로 바꿔야만 한다.

재도약의
해법

    2023년, 세계적 경영 컨설팅 기업인 보스턴 컨설팅 그룹BCG에서 매년 선정하는 세계 50대 혁신 기업에 한국 기업 삼성이 7위로 이름을 올렸다. 3년간의 총주주 수익률과 산업 내 경쟁 기업 경영진 설문조사, 시장점유율 등을 기준으로 삼는 이 평가에서 미국은 25개 기업, 유럽은 11개 기업이 꼽혔다. 한편 중국 기업도 8개로, 미국을 제외한 25개 기업 가운데 30퍼센트 이상을 차지하며 일본과 한국을 제쳤다.

  눈길을 끄는 점은, 이 목록에 이름을 올린 한국 기업이 2022년 셋(삼성 6위, LG 16위, 현대자동차 33위)에서 2023년 하나로 감소했다는 것이다. 더구나 이들이 전통적 제조업 중심의 재벌 대기업인 것과는 대조적으로, 외국 기업 가운데에는 이름조차 생소한 혁신 기업이 여럿 있다. 이 소식이 한국 과학기술계에 시사하는 바가 무엇인지 냉철히 바라봐야 한다.

1970~90년대 과학기술계는 선진 기술의 추격형 연구개발을 통해 우리 산업계에 핵심 기술을 공급하는 역할을 충실히 해왔다. 그러다 1990년대 후반부터는 추격형이 아닌 선도형 연구로 전환하고자 글로벌 수준의 혁신 역량 육성에 주력했다. 글로벌 혁신 역량을 평가하기 위해 연구개발 산출물의 지표로 채택된 SCI 논문*은 2021년 8만 3,680편으로, 2004년 2만 4,307건 대비 세 배 이상 비약적 상승세를 보였다. 그러나 이 같은 연구개발 산출물의 성장이 실질적 성과로는 연결되지 못하고 있다.

이런 상황에서, 2023년 정부 연구개발 예산으로 30조 원 이상을 배정하며 응원을 보내온 국민의 믿음과 신뢰에 어느새 틈이 생겨나고 있다. 연구개발 투자를 세계 최고 수준으로 끌어올려준 국민의 믿음에 보답하기 위한 혁신을 본격화해야 할 때다. 지난 10여 년간 우리가 시간 낭비하지 않았음을 성과로써 보여야 한다. 나는 그 혁신

---

* Science Citation Index. 과학기술 분야의 학술지 가운데 학술적 기여도가 높은 것을 선별해놓은 데이터베이스다. SCI 학술지에 수록된 논문을 SCI 논문이라고 부른다.

의 한 축에 융합이 있다고 믿는다.

　에너지, 헬스케어, 금융 등 아홉 개의 자회사를 보유한 제너럴일렉트릭GE은 'GE 스토어'라는 플랫폼을 구축했다. 이를 통해 GE 내 다양한 그룹의 기술자들이 연구개발 성과를 공유하고 정기적으로 모여 새로운 기술 개발을 꾀하는 융합의 장을 만들었다. 이곳에서 'GE 운송'은 'GE 파워앤워터'가 풍력발전기의 연구개발로 산출한 '바람 방향 예측 및 대응 시스템'을 적용해 고질적인 에너지 문제를 해결할 수 있었다. 또한 'GE 항공'과 'GE 운송'은 'GE 오일앤가스'에서 개발한 고성능 회전 기계 기술을 적용함으로써 기술적 난제를 해결했다. GE가 거둔 이 놀라운 성과는 기술 융합을 넘어 산업의 경계마저 허문 노력의 결과였다.

　GE의 사례는, 융합이 우리 과학기술계에 주어진 임무를 달성하기 위한 선택이 아니라 필수 사항임을 말하고 있다. 2023년 9월 현재 한국에는 과학기술 분야 정부 출연 연구기관이 25곳 있다. 말 그대로 연구기관의 운영비 일부를 정부 예산으로 충당하는 연구기관이다. 한국 최초의 정부 출연 연구기관, KIST에서도 GE와 같은 융합 성공 사례가 만들어질 수 있도록 다양한 시도를 해왔다. 2022년 3월 23일 『네이처』에 발표한 차세대 수소 연료전지, 수소 저장 장치 등에 활용할 수 있는 팔라듐Pd 기반의 신소재 개발 성과가 대표적이다.* 특히 팔라듐 기반 신소재 연구의 경우, KIST 청정신기술연구본부를 비롯한 네 개 그룹의 과학자 20명이 공동으로 융합 연구를 시도해 세계적으로 주목받는 성과를 이끌었다. 애초 알려진 게 거의 없는 원소 팔라듐에 대한 호기심에서 시작한 이 융합 연구는, 전 세계적으로 주목받는 '수소 경제'에 활용될 가능성까지 있어 더욱더 반갑다.

예일 대학교 교수 에이미 추아, 제드 러벤펠드 부부는 『트리플 패키지』에서 성공을 위한 세 가지 유전자로 첫째, 우수한 집단과 전통에 속한다는 자부심, 둘째, 기대에 부응해야 한다는 부담감, 마지막으로 미래를 위한 부단한 노력과 인내를 꼽았다.** 과학기술계의 최대 화두인 연구개발 혁신이 긍정적인 부담감으로서, 우리 혁신 역량의 재도약을 위한 '트리플 패키지'를 회복하는 핵심이 되길 바란다. 이를 통해 과학기술 기반을 둔 새로운 글로벌 혁신 기업이 나올 것이다.

 * Jaeyoung Hong et al., "Metastable hexagonal close-packed palladium hydride in liquid cell TEM," *Nature* 603, 2022, pp. 631~636.
 ** 에이미 추아·제드 러벤펠드, 『트리플 패키지』, 이영아 옮김, 와이즈베리, 2014.

최재천
이화여대 생명과학부 석좌교수

기초와 응용을 고루
지원할 수 있도록

최재천 이화여자대학교 생명과학부 석좌교수는 우리나라를 대표하는 진화생물학자이자 행동생태학자로 과학의 대중화에 앞장서왔다. 대표작인 『개미 제국의 발견』『거품 예찬』을 비롯해 다수의 책을 쓰고, 『통섭』 등을 우리말로 옮겼다. 강연, 방송, 언론 기고, 유튜브 출연 등을 통해 과학을 널리 알리는 활동을 꾸준히 펼치고 있다.

교수님께서 처음 연구자가 되신 당시와 현재의 한국 과학기술에는 큰 차이가 있을 것 같습니다. 발전 속도, 국제적 위상, 시민들의 관심도 측면 등에서 이야기해볼 수 있지 않을까 한데요, 특별히 이런 변화를 느낀 경험이 있으시다면 한 말씀 부탁드립니다.

제가 대학원에 진학한 1978년은 지금으로부터 45년 전이고, 미국 하버드대에서 박사 학위를 받고 미시간대 교수가 된 1992년도 30여 년 전이니, 그동안 대한민국 과학기술 분야는 실로 엄청난 양적·질적 발전을 이뤄냈습니다. 아울러 과학에 대한 시민들의 이해도 역시 몰라보게 향상되었습니다. 해마다 어김없이 단군 이래 최대 불황이라는 우리나라 출판계에서 최근 몇 년 사이 과학책이 팔리고 있습니다. '대중의 과학화'가 일어나고 있다는 방증입니다. 국제적 위상도 향상되었음을 저는 개인적인 경험으로 느꼈습니다. 2019년 출간된 『동물행동학백과사전Encyclopedia of Animal Behavior』 총괄 편집장Editor-in-chief으로 제가 추대되어 세계 각국의 동료 과학자 600여 명을 이끌고 3,000쪽이 넘는 백과사전을 펴낼 수 있었던 것은 우리 과학의 수준이 인정받았음을 보여주는 좋은 예라고 생각합니다.

지금 우리나라가 국제사회에서 선진국으로 격상되긴 했지만, 혹자는 시스템 등에서 여전히 '중진국의 함정'에 빠져 있다 진단하기도 합니다. 교수님께서는 어떻게 생각하십니까? 이를 벗어나기 위해 우리는 무엇을 해야 할까요?

무엇보다 기초과학을 육성해야 합니다. 기초가 부실한 응용과학과 기술은 그야말로 사상누각입니다. 일본에는 무려 25명의 노벨 과학상 수상자가 있는데, 우리는 단 한 명도 배출하지 못한 이유가 무엇일까요? 지금 잘하고 있는 과학자가 아니라 지금 잘나가는 분야에서 최초로 논문을 발표한 학자에게 수여되는 노벨상만의 독특함도 있지만, 우리나라의 기초과학이 국가의 위상에 걸맞지 않게 뒤처져 있는 배경에는 실적 위주의 근시안적인 연구 지원 시스템이라는 문제가 있습니다. 국가 경제 발전에 보탬이 될 것이라고 여겨지는, 그리고 선진국에서 이미 하고 있어 실패할 확률이 낮음을 입증한 연구만 이른바 '벤치마킹benchmarking'한다며 집중적으로 지원하는 관행에 제동을 걸어야 합니다.

저는 개인적인 명성에 비해 평생 연구비 부족으로 힘겨운 연구자의 삶을 살아야 했습니다. 까치, 긴팔원숭이, 돌고래 등의 행동과 생태 연구는 "나름 훌륭하지만, 굳이 하지 않아도 국가 경제 발전에 위협이 되지 않는 연구"로 치부되어 번번이 연구비 지원 사업의 최종 단계에서 고배를 마셨습니다. 순수 기초과학 연구와 기술 분야는 물론이고 '응용' 기초과학 분야까지 하나의 연구비 파이에 묶어두는 체제를 과감히 접고, 기초와 응용 연구를 고루 지원할 수 있는 새로운 제도를 구축해야 합니다.

2부

미래 실행의
전략

국가 연구 역량의
용광로

누리호는 무사히 쏘아 올렸다, 그다음은

2023년 5월 24일, 실용 위성을 싣고 3차 발사에 성공한 누리호는 현재 한국 과학기술의 국제적 위상을 보여주는 상징이다. 여러 외신은 한국형 발사체 누리호의 비상을 속보로 타전하며 한국의 우주산업 진입을 공식화했다. 1989년 설립된 한국항공우주연구원(항우연)이 34년 만에 이룩한 쾌거였다.

특히 이번 발사부터는 지난 2022년 12월 누리호의 기술을 이전받을 '한국형 발사체 체계종합기업'으로 선정된 한화에어로스페이스와의 협업을 본격화했다. 그간 항우연을 주축으로 얻은 연구개발 성과를 민간 기업으로 기술 이전해 확산하는 일을 시작한 것이다. 이번 3차 발사를 포함해서 한화는 2027년까지 총 네 차례로 계획된 발사에 참여해 기술을 이전받는다. 그간 항우연 단독으로 진행했던 우주개발에 한화 같은 국내 기업이 새로운 플레이어로 등장할 길을 열었다.

이런 모습을 보면서 중국은 예상보다 빠른 한국의 우주개발 행보에 경계심을 나타냈다. 중국은 인공지능, 양자정보, 집적회로, 뇌과학, 유전자 및 바이오·의료, 임상의학 및 건강, 우주 극지 심해 등 7대 과학기술 육성에 국력을 쏟아붓고 있다. 이들 기술은 세계의 권력 지도와 경제 질서를 재편할 '게임 체인저'이다. 중국은 구글의 최신 양자 컴퓨터보다 100만 배 더 복잡한 연산이 가능한 양자 컴퓨터를 개발했다며 세를 과시했다.

중국의 실력을 인정하자는 이야기는 과학자 사이에서 더 이상 소수 의견이 아니다. 내가 위원장으로 참여한 「2020년 기술수준평가」 보고서를 보면, 최고 기술 보유국으로 평가된 미국 대비 한국의 기술 수준 및 격차는 80.1퍼센트, 3.3년이었다. 중국의 기술 수준도 미국 대비 80.0퍼센트 수준으로, 그 격차는 미국 대비 한국의 그것과 동일한 3.3년이었다.*

* 안지현 외, 「2020년 기술수준평가」, 한국과학기술기획평가원 보고서, 2021, p. ii.

2021년 10월 21일, 누리호 1차 발사.

(사진: 한국항공우주연구원)

국내 연구자는 중국의 과학기술을 이제 한국과 대등한 수준으로 평가했을 뿐만 아니라 미래 기술에서는 오히려 한국보다 우위를 차지한 것으로 인식했다. 미래 기술에서의 열세가 우려되는 것은, 미래 기술 수준이 국가 경쟁력의 가장 확실한 선행지표이기 때문이다. 한국이 국내총생산GDP 대비 세계 최고 수준으로 연구개발에 투자하고 있는 이유도 여기에 있다.

그런데도 우리나라의 전체 연구개발비 규모는 아직 미국의 12퍼센트, 중국의 25퍼센트, 일본의 54퍼센트 수준에 불과하다.* 선택과 집중이 필요하지 않느냐고 물을 수 있겠지만, 그렇다고 게임 체인저로 불리는 미래 기술에 '올인'하기도 어렵다. 과거 우리가 즐기던 게임을 소재로 삼아 만들어졌는데도 전 세계적 돌풍을 일으킨 〈오징어 게임〉(2021)은 여기서 한 가지 시사점을 던진다. 이 작품이 세계인들을 매료시킬 수 있었던 이유 중 하나는, 우리에게 익숙한 소재가 그들에게는 너무나 한국적인, 그래서 독창적인 것으로 받아들여졌다는 데 있다. 특히 목숨을 건 줄다리기 게임은 부족한 힘을 전략으로 극복할 수 있음을 보여줬다. 지금 우리 과학기술의 미래를 위

---

* 한국과학기술기획평가원, 「2021년도 연구개발활동조사보고서」, 과학기술정보통신부, 2023, p. 4.

해 필요한 전략이 아닐 수 없다.

미래 기술의 확보 전략을 찾아라

먼저 선택과 집중을 통한 '핵심 기술 우위core tech supremacy' 전략을 생각해볼 수 있다. 미래 기술을 구성하는 모든 요소의 기술력을 확보하기 어렵다면, 미래 기술의 수준을 결정하는 핵심 요소에 집중해 초격차를 확보하자는 전략이다.

독보적인 기술력으로 극자외선EUV 노광 장비를 유일하게 생산하는 네덜란드 반도체 장비 기업 ASML이 좋은 예다. 여기서 '노광露光'이란 물질을 빛에 노출시킨다는 의미로, 여기서는 빛을 이용해 반도체 웨이퍼에 전자회로 패턴을 그리는 공정을 나타낸다. 이 패턴을 정교하게 그릴수록, 즉 작은 면적 안에 더욱 복잡한 회로를 그릴수록 생산성을 높일 수 있다. ASML이 만드는 5미터 크기의 EUV 노광 장비는 300미터가 넘는 초대형 LNG 운반선보다 비싸다. 차세대 반도체 공정 프로세스를 선점하려는 인텔, 삼성, TSMC 같은 굴지의 반도체 기업들이 연간 생산 수십 대에 불과한 ASML의 장비를 구매하려고 줄을 선다.

둘째로, '합종연횡' 전략도 고려해볼 만하다. 미래 기술은 막대한 연구개발 투자가 필요하기 때문에 한 국가의 힘만으로는 성공하기 어렵고, 나의 부족함을 채워줄 조력자들과 함께한다면 세계의 트렌드를 선도하고 확산할 '테이블 세터'가 될 수 있다. 인공 태양 구현을 목표로 핵융합 에너지의 상용화 가능성을 신중히기 위해 프랑스 남부 카다라슈Cadarache에 건설 중인 국제 과학기술 프로젝트, 국제핵융합실험로ITER에는 우리나라를 포함해 미국, 러시아, 유럽연합, 일본, 중국, 인도가 참여 중이다. 우리나라는 프로젝트 초기부터 지속적인 참여를 통해 현재 선도형 연구의 방향을 효율적으로 파악하고 도전적인 자체 목표를 수립할 수 있었다. 한국의 인공 태양 KSTAR는 초고온 플라스마를 20초간 유지하며 세계 신기록을 달성했다. 국제적 협력과 외연 확장을 통해 리더가 된 좋은 사례가 아닐 수 없다.

세계가 평가하는 한국의 과학기술 수준은 스스로 내리는 평가보다 높다. 2021년 5월 한국과 미국 정상은 군사-외교 동맹을 과학기술로도 확장하는 데 합의했다. 7,751자 길이의 공동 성명에서 가장 큰 비중을 차지한 것은, 절반이 넘는 4,500여 자로 채워진 과학기술 동맹에 관한 내용이었다. 공급망, 원자력, 우주, 탄소중립, 감염병, 차세대 통신 등의 핵심 이슈 모두에서 '대등한' 상호

국제핵융합실험로 모형(위) 및 건축 현장(아래).

(위: Johannes Reimer; 아래: Oak Ridge National Laboratory)

협력이 강조되고 있었다. 미국, 스위스, 네덜란드, 독일에 이어 세계 5위로 높아진 한국의 과학기술 혁신 역량과 세계 10위권의 경제력에 미국이 러브콜을 보낸 것이다. 지금은 미래 기술을 둘러싼 전국시대다. 부족한 부분을 보완하는 합종연횡으로 미래 기술의 쟁패전에서 승리할 확률을 조금씩 높여가야 한다.

다차원적인 국가의 역량을 총결집하는 전략도 필요하다. 한국은 2011년 수학, 물리학, 화학 등 기초과학을 연구할 목적으로 2개 연구소, 31개 연구단 규모의 기초과학연구원IBS을 설립하고, 신약·반도체 등 첨단 분야 선도를 위해 입자가속기를 설치·활용하는 등 기초연구에 대한 투자를 꾸준히 확대해왔다. 지금까지 축적된 연구성과와 미래의 기초연구 성과를 연계해 과거와 현재, 미래 역량을 결집한다면 놀라운 일을 해낼 수 있다. 누리호 발사는 특정 연구기관의 깜짝 성과가 아니었다. 항우연이 중심이 되고, 300여 개의 연구소와 기업이 협력함으로써 하나하나 쌓아 올린 금자탑이었다.

눈앞의 이익에 연연하지 않는 국가 연구 역량을 융합하는 용광로. 정부 출연 연구기관의 새로운 시대적 사명으로 이보다 더 적합한 모델은 없을 것이다.

기술 패권 경쟁의
사령탑

스스로 미래를 결정할 수 있는 해법

1991년 소비에트연방이 무너지며 미소 양극체
제가 붕괴했다. '떠오르는 태양'이라 불리던 경제 강국 일
본도 1985년 플라자합의와 미국의 '슈퍼 301조'* 앞에
맥없이 무릎을 꿇었다. 1990년대에 세계 유일의 초강대
국이 된 미국은 최소 한 세기 넘게 '팍스 아메리카나Pax
Americana'를 이어갈 것 같았다.

* 1974년 제정된 미국 통상무역법 301조에 대해, 1988년 종합대
  외무역경쟁법으로 추가한 특별 조항. 기존의 통상무역법 301조
  보다 광범위한 무역 보복 조치를 취할 수 있어 '슈퍼 301조'로
  통한다. 1980년대 미국의 무역 적자가 천문학적으로 불어나자
  미국 의회와 기업이 주요 교역 상대국이었던 일본을 견제하고자
  마련한 것이다. 1990년 공식 만료되었으나, 이후에도 미국 정부
  의 필요에 따라 대통령 행정명령으로 수차례 재등장했다.

하지만 30년 만에 세계는 다시 격렬한 패권 경쟁의 소용돌이 속으로 치닫고 있다. 자신을 드러내지 않고 때를 기다리며 힘을 키워온 도광양회韜光養晦의 중국은 2022년 베이징 동계올림픽을 통해 미국에 맞설 또 다른 패권 국가의 면모를 만천하에 과시했다. 외교적 보이콧을 선언한 서구 동맹국과, 초대장은 받았냐며 대응하는 중국 사이에 낀 한국의 상황은 난감했다.

이처럼 안보와 경제라는 두 강대국을 구심점으로 두 축 사이에서 세계는 합종연횡을 거듭하고 있다. 여기에 지정학적 딜레마까지 복잡하게 얽혀 있는 한국에는 한층 고차원의 해법이 요구되고 있다. 국제 정치의 엄혹한 현실 아래에서 한국이 스스로 미래를 결정할 수 있는 유일한 해법은, 안보와 경제의 공통분모로서 기술 주권을 확보하는 것뿐이다.

이미 2021년 하버드 대학교 연구진은 인공지능, 5G, 바이오·의료 등 대다수 전략기술 분야에서 10년 내 중국이 미국을 추월하리라 전망했다.* 특히 이 보고서는 중국의 연구개발 투자액이 2020년 5,800억 달러로, 미국의

---

*   Graham Allison, Kevin Klyman, Karina Barbesino & Hugo Yen, "The Great Tech Rivalry: China vs the U.S.," Belfer Center for Science and International Affairs, 2021.

연구개발 투자액 6,400억 달러에 근접할 만큼 중국이 공격적으로 투자를 확대하고 있다는 점을 지적했다. 수성에 나서야 할 조 바이든 미국 대통령은 과학기술자문위원회를 확대하고, 백악관 과학기술정책국장을 장관급으로 격상했다. 이는 계속해서 진화하는 경쟁 상대에 맞서 끊임없이 혁신하지 못하면 결국 도태되고 만다는 '붉은 여왕 효과'*를 연상시킨다.

붉은 여왕 효과가 심화하는 시대의 과학기술 컨트롤타워는 연구개발의 방향과 예산을 총괄하는 것은 물론, 국정 전반에 과학기술 전문성을 제공할 수 있어야 한다. 그렇지 않고 과학기술에 대한 투자가 정무적·재무적 관점에 얽매인다면 외부 환경 변화에 기민하게 대응할 수 없다. 2004년 과학기술부 장관을 부총리로 임명해 과학기술부를 부총리 부서로 승격시킨 이후, 한국의 기술 인프라 경쟁력이 2003년 24위에서 2005년 세계 2위까지 단숨에 상승세를 보인 것은 과학기술 컨트롤타워의 중요성

* 생명체가 끊임없이 진화해서 변화하는 환경에 적응해야만 종을 유지할 수 있다고 보는 진화생물학 가설이다. 루이스 캐럴의 소설 『거울 나라의 앨리스』속 '붉은 여왕'이 사는 곳의 법칙에서 따온 것으로, 그곳에서는 가만히 멈춰 있으면 자신도 모르게 뒤쪽으로 이동하기 때문에 안간힘을 쓰며 달려야 제자리를 지킬 수 있다. 현 상태라도 유지하려면 안간힘을 써가며 달릴 수밖에 없음을 진화에 빗대어 나타낸 가설이다.

을 증명하는 단적인 사례다.*

양자 컴퓨터, 차세대 반도체 등 최첨단 미래 기술 분야에서 세계를 선도하고 테이블 세터가 되지 못한다면 기술 주권도 요원하다. 경쟁국보다 미진한 수준의 투자로는 모든 분야에서 초격차를 확보하겠다는 계획도 실현하기 어렵다. 그렇다면 우리가 택할 수 있는 전략은 무엇일까? 군사작전에 비유한다면, 다양한 각도에서 한 지점에 화력을 집중해 전선의 연쇄적인 균열을 유도하는 'TOTtime on target' 전략이 효과적이다. 기업, 대학, 정부 출연 연구기관 등 모든 혁신 주체들의 역량을 결집해 입체적으로 화력을 쏟아부을 수 있는 야전 사령부가 필요한 이유다.

골든타임을 사수하라

2022년 10월 28일, 국가 과학기술 최상위 컨트롤타워인 국가과학기술자문회의가 '12대 국가전략기술'과 함께 그 육성책을 발표했다. 12대 첨단 기술에 5년간 총 25조 원을 투입한다는 계획이다. 이 육성책으로 정부는 반도체, 디스플레이, 2차 전지 같은 주력 산업의 초격

* IMD, "The World Competitiveness Yearbook," 2023.

차 기술을 확보하고, 양자 컴퓨터, 인공지능, 6세대 통신 등 전략적 미래 기술을 개발해 신산업을 창출하겠다는 청사진을 세웠다. 기술 주권이 곧 국가 주권인 기술 패권 경쟁 시대의 타개책을 수립한 것이다.

12대 기술은 이미 오래전부터 대한민국호의 미래를 이끌 성장 엔진으로 손꼽혀왔지만, 막상 그간의 떠들썩했던 전망과 구호를 걷어내고 나면 다소 당혹스러운 사실을 발견한다. 양자 컴퓨터 분야에 대해 2018년부터 4년간 12억 달러 규모를, 중국도 같은 기간 1,000억 위안을 투자한다고 밝힌 마당에, 한국은 2021년부터 2023년까지 3,500만 달러 예산을 투입하겠다고 한 것이다.

정책 드라이브를 걸 수 있는 최적기를 놓친다면, 한국은 전 세계가 기술 선점을 위해 치열한 속도 경쟁을 벌이는 와중에 '골든타임'을 헛되이 보내게 될 수도 있다. 국가 정책 실현의 최대 동력이 리더의 강력한 의지라는 사실은 조금도 변함이 없다. 한국의 미래를 책임지는 막중한 소임이 주어진 과학기술인의 한 사람으로서, 다음과 같이 제언하려 한다.

첫째, 전략기술 개발을 선도하기 위해 국가 과학기술 혁신 체계를 효율적으로 연결해야 한다. 세계 최고 수준의 연구개발 투자 비율이지만 규모 면에서 아직 미국, 중

특성이 우수한 텅스텐 박막 제조기술 개발.

(사진: KIST)

국, 일본에 비해 각각 6분의 1, 5분의 1, 2분의 1에 불과함을 잊지 말아야 한다. 산학연 혁신 주체의 역량과 장점을 주도면밀하게 분석하고 연계해, 장점을 더 강화하는 접근이 필요하다. 이른바 '허브 앤드 스포크hub and spoke' 전략이다. 세계가 부러워하는 경제 발전을 이뤄온 한국의 연구기관은 30~60년의 역사와 경험으로 세계적인 혁신 역량을 갖췄다. 공공성을 토대로 흔들림 없이 굳건하게 임무를 수행할 수 있는 정부 출연 연구기관이 허브hub를 맡아서, 대학과 기업 등 혁신의 바큇살spoke을 촘촘히 이어야 한다.

둘째, 인구 절벽과 지방 소멸의 해법을 과학기술에서 찾아야 한다. 한국은 지구상에서 가장 빨리 사라지고 있는 국가다. 1970년 100만 명 이상이던 신생아가 2021년 26만 명으로 4분의 1 수준까지 격감했다. 일본은 2022년 고령 인구의 비율이 29.1퍼센트에 육박했는데, 이는 일본보다 더 빠른 고령화와 도시화를 겪고 있는 한국에도 곧 닥쳐올 암울한 미래다.

국가의 명운이 달린 두 문제는 결국 양질의 일자리 문제로 수렴한다. 성장 잠재력이 있는 혁신 기업이 있어야 양질의 일자리 창출이 가능하고, 첨단 기술이 있어야 혁신 기업이 싹튼다. 과학기술 분야 정부 출연 연구기관은 지역 조직과 지역 거점 대학의 혁신 생태계를 구축해, 지역에 양질의 일자리를 창출하는 사명을 수행해야 한다.

KIST는 이미 청년 과학기술자의 요람이 되고 있다. KIST의 20~30대 연구직과 박사 후 연구원을 합산한 청년 연구 인력은 2021년 기준 581명으로, 정부 출연 연구기관 가운데 최대 규모다. 또한 박사 후 연구원의 10퍼센트 내외를 선발해 이들의 연구 활동비를 지원하는 K-포닥 제도 등, 이제 갓 자신만의 연구를 시작하는 신진 연구자의 창의적 연구를 장려하고 있다. 박사 후 연구원의 논문 수가 2020년 355편에서 2022년 439편으로 비약적인 증가를 보인 것은 그 성과라고 할 수 있다. 무엇보다 연구자 생애 주기를 고려해 단절 없는 경력 개발 경로를 구축함으로써, 신진 연구자들에게 독립적이고도 안정적인 성장 환경을 제시할 수 있다는 점이 주효했다.

마지막으로, 신뢰의 리더십을 원한다. 과학기술계의 의견 수렴, 민간 전문가 중용, 연구개발 예산 타당성 조사 제도 개선 등 국가 지도자가 약속했던 모든 정책은 반드시 실현되어야 한다. 태풍들이 충돌해 더 큰 파괴력의 퍼펙트 스톰으로 발전하고 있는 국가적 위기를 앞두고 과학기술인이 최전선에서 활약하려면, 무엇보다 그들이 믿고 의지할 수 있는 리더십이 필수적이다.

개념 설계 역량

세계 1위 조선업계, 무슨 일이 있었나

추격에서 선도로 나서는 것은 우리에게 주어진 숙명이다. 그렇다면 어떤 역량이 필요한가? 구조 조정을 포함해 뼈를 깎는 쇄신으로 1위 자리를 탈환하였으나, 여전히 불안정성이 해소되지 않은 조선업을 살펴보자. 삼성중공업, 현대중공업 등 2000년대 초반만 해도 세계를 호령하며 끝없이 승승장구할 것 같았던 국내 조선업체는 2010년대 중반 천문학적 적자를 기록하며 위기에 빠졌다. 한강의 기적, 대한민국 번영의 상징이던 조선업계에는 무슨 일이 있었나?

원인을 외부에서 찾자면, 2008년 세계 금융 위기로 촉발된 세계경제 불황과 저유가에 따른 세계적 수요 감소를 꼽을 수 있다. 해운사의 발주 취소로 인해 매출액 수십억 달러가 불발되는 수주 절벽에 한국 조선업체는 속수무책으로 당할 수밖에 없었다. 반도체 경기 침체가 확대되며 매출과 영업 이익이 급락한 현재 국내 반도체 기업의 상황과 똑같았다.

하지만 애물단지로 전락한 해양플랜트 산업 부진의 근본적인 원인은 설계 능력이 없다는 내부 문제에 있었다. 대표적 장치 집약 산업인 해양플랜트는 개념 설계conceptual design, 기본 설계basic design, 상세 설계detail engineering의 단계를 거치며 경쟁력이 결정된다. 우리는 개념 설계와 기본 설계 역량에서 한참 뒤떨어진다는 것이 전문가들의 평이었다.

개념 설계는 주어진 환경 조건에 맞춰 프로젝트의 큰 그림을 그리는 단계다. 이 단계에서는 프로젝트 진행 과정에서 처할 수 있는 다양한 위험을 분석해 경제적 타당성 등을 검토한다. 한편 기본 설계는 본격적인 실행(상세 설계, 조달, 건설) 전에 프로젝트 핵심을 구상하는 단계다. 기본 설계 역량이 뛰어날수록 설계, 건설, 운영에 필요한 비용, 기간, 인력 등을 제대로 추산할 수 있다.

2015년, 해양플랜트 부문에서 한국 조선업계의 손실은 수조 원대를 기록했다. 이 중에서도 큰 비중을 차지한 것

부산대교에서 본 조선소.

(사진: 대한민국역사박물관 현대사아카이브)

은, 당시 한 국내 기업이 추진하던 프로젝트에서 발생한 것으로 추산되는 1조 원 손실이었다. 설계 경험이 부족한 업체에 기본 설계를 맡겨 설계도를 110여 차례 변경해야 한 데다, 국내 기업 역시 기본 설계 역량이 부족해 검토에 오랜 시간을 들이면서 손실을 키웠다는 분석이다. 경기가 좋을 때는 수주한 플랜트의 개념 설계와 기본 설계를 선진국에서 가져오는 방식이 통했다. 하지만 조선업이 위기 상황에 놓이자, 핵심 기술의 외부 의존은 최대 약점으로 급부상했다.

지난 반세기 동안 한국 과학기술은 추격형 전략을 통해 산업계가 필요로 하는 기술을 효율적으로 공급해왔다. 그러나 대표적인 주력 산업인 조선업만 하더라도 중국, 인도 등 후발 개발도상국의 추격으로 경쟁력을 잃고 있다. 과거 후발 주자라 여겨지던 중국은 과학 분야 노벨상 수상자를 배출하고, 거대한 내수 시장을 기반으로 세계 2강의 반열에 올라서고 있다.

지금은 중국 조선업이 벌크선 수주를 주력으로 삼고 있다지만, 중국이 원천 기술을 토대로 개념 설계 역량을 갖추게 되었을 때 우리 조선업이 경쟁력을 가질 수 있을까. 비단 조선업만의 문제가 아니다. 이미 한국 경제에서 큰 비중을 차지하는 삼성을 비롯해, 한국 반도체 산업도 이른바 '반도체 전쟁'의 격랑 속에서 활로를 모색해야 하는 상황이다.

이웃 나라 일본이 20여 년의 장기 불황 속에서도 경제 대국의 위상을 그대로 유지할 수 있었던 비결은 세계 최고 수준의 중견 기업, 즉 히든 챔피언에 있었다. 합성섬유 레이온 제조사로 시작해 현재는 항공우주 분야, 스포츠 분야에서 활용되는 탄소섬유 세계 점유율 1위를 차지하는 등 화학 소재 분야에서 남다른 기술력을 자랑하는 일본 기업 도레이가 대표적인 예다. 특히 탄소섬유의 경우, 50여 년간의 기나긴 연구개발 끝에 원천 기술을 확보함으로써 미래 분야를 개척, 선점할 수 있었다. 결국 핵심은, 개념 설계 역량의 확보가 답이라는 것이다.

문제의 정의

알베르트 아인슈타인은 "만약 내가 한 시간 동안 문제를 해결해야 한다면, 문제가 무엇인지 정의하는 데 55분을 쓰고 해결책을 찾는 데 나머지 5분을 사용할 것"이라고 말했다. 문제 해결을 위해서는 현상을 식별하고 구조화하여 핵심에 있는 '진짜 문제'를 발견하는 것이 우선이라는 뜻이다.

최근 한국 과학기술계도 개념 설계 역량을 강화하고

자 노력하고 있다. 국가과학기술연구회NST에서 2014년부터 시행 중인 융합연구단사업은 '문제의 정의'에서 출발한다. 사전에 정해진 주제를 놓고서 기술 스펙의 달성 여부만을 따지는 기존 방식에서 탈피함으로써, 창의성에 기반한 새로운 개념을 얻자는 철학이다. 문제 해결의 전 단계로 문제를 재정의하는 과정은 연구진의 창의성을 자극하고, 이는 더 많은 아이디어와 소통으로 이어진다.

이러한 이유에서 앞으로는 국가적 차원에서 개념 설계 역량 강화에 나설 필요가 있다. 이를 위해 나는 두 가지를 제언하고 싶다.

첫째, 막힘없는 생각의 흐름이 구현될 수 있는 소통 문화의 확산이다. 연구 팀 내에서 아이디어가 사람과 사람 사이에 흐르고, 또 그 과정에서 새로운 가치가 보태져야만 의미 있는 새로운 성과를 만들어낼 수 있다. 수직적인 조직 문화가 수평적인 문화로 변모되어야만 한다. 문제점만 지적하는 소모적 논쟁이 아니라, 상대 아이디어의 강점은 수용하되 단점은 보완하는 건설적인 토론 문화가 필요하다는 것이다.

둘째, 우리에게 부족한 역량을 외부로부터 들여오는 것을 주저하지 않는 개방형 혁신이 중요하다. 개념 설계는 하루아침에 되는 것이 아니라, 오랜 세월을 통해 축적된 과학기술을 토대로 한다. 우리 과학기술 역사 50년은 선진국에 비하면 너무나 짧다. 따라서 선진 역량을 유입하기 위한 노력을 배가해야 한다. 우수한 인력들이 탐낼 만한 연구 환경을 조성해, 또 한 번의 두뇌 역수출reverse brain drain을 실현해야 한다. 중국이 '만인 계획'을 주창하는 이유도 여기에 있다.

개념 설계 강국 대한민국, 지금부터 불길을 준비할 때다.

선도형 전략을 위한 나침반

2단 추진체가 작동해야 할 시점

대한민국호는 두 개의 추진체로 구성한 2단 로켓이다. 1단 추진체는 뛰어난 성능을 자랑하며 곧 선두를 따라잡을 듯했다. 곧이어 1단 추진체를 떼어냈다. 2단 추진체가 작동해야 할 시점이 한참 지났지만, 여전히 제대로 작동하지 않는다. 어쩌면 수명을 다해 시커멓게 타들어가는 1단 추진체를 부여잡고, 추락하지 않으려 안간힘을 쓰는 형국인지도 모른다.

『축적의 시간』과 『축적의 길』의 저자 이정동 서울대 교수가 표현한 한국이다.* 추격형 전략이 1단 추진체이

---

* 이정동 외, 『축적의 시간』, 지식노마드, 2015; 이정동, 『축적의 길』, 지식노마드, 2017.

며, 말썽을 부리고 있는 2단 추진체가 선도형 전략이란다. 그래서 잠재 성장률이 끝없이 하락하고 있다는, 정말 소름 끼치도록 정확한 비유다. 국가 연구개발 변화의 본질이 추격형에서 선도형으로 바뀌어야 한다는 사실은 두말할 것도 없다.

과학기술인 대다수가 동의하는 이 방향은, 사실 새롭지도 않은 묵은 목표다. 지난 20여 년간 선도형 연구로 전환하기 위해 국가 과학기술 계획과 목표를 수립했다. 지금까지 계획을 매년 점검하며 많은 부분에서 목표가 달성됐다고 평가했다. 그러나 선도형 연구는 아직 멀기만 하고, 매번 반복해서 목표를 제시하는 실정이다.

제시된 국정 과제를 실현하기 위해 담당 부처는 정부 계획을 수립할 것이다. 그리고 전문가들을 소집해 연차별 목표가 담긴 로드맵을 작성할 것이다. 이들은 매년 실행 계획을 수립하고 진척을 점검할 것이다. 국가 연구개발 전략 수립의 방법론으로 너무나도 익숙한 지금의 로드맵 방법은, 추격형 전략에서는 매우 효과적이다. 선진국에서 이미 성공했거나 또는 그보다 진일보한 수준의 목표를 제시할 수 있었고, 달성 가능하다는 확신 속에서 성공으로 가는 길 또한 명확했기 때문이다.

사회적 가치를 포괄하는 축적

하지만 선도형 연구를 지향하는 지금에 와서 이는 적합한 방법이 아니다. 미래 예측은 그 분야 전문가라 할지라도 지극히 어려운 일이다. 당연하게도, 미래를 예상하며 작성한 로드맵이 100퍼센트 적중하기란 사실상 불가능하다. 따라서 장기적으로는 도전적인 목표를 설정하고도, 점검의 부담감이 있는 단기 목표는 달성 가능성을 먼저 고려하는 경우가 많았다. 게다가 연구 수행 과정에서도, 본질을 따지기보다는 직면한 정량적 목표를 달성하는 것이 먼저였다. 로드맵이라는, 이제까지는 훌륭했던 도구를 활용한 계획 수립에 과감한 변화가 필요한 이유가 바로 여기에 있다.

15세기 신대륙 발견을 위해 에스파냐 팔로스항을 출항한 개척자 콜럼버스의 손에는 항해 지도가 쥐어 있지 않았다. 그가 갖고 있었던 것은 성공에 대한 강한 의지와 방향을 알려주는 나침반이었다. 역사적으로 그 어떤 항해 지도가 있었다 할지라도, 이는 개척자의 가슴을 뛰게 하는 사명감과 개척 의지를 형상화한 상상에 불과했을 터다. 가까운 사례를 보자면 인터넷, GPS, 드론 등 압도적인 선도형 연구 성과를 냈던 미국 다르파 프로그램*도 연구 목표, 즉 방향만 제시할 뿐 연구 수행 경로에 대한 제약이 없다. 선도형 연구를 위한 계획과 정책에는 나침반 모델이 제격이다.

물론 수십조 원에 이르는 막대한 규모의 국가 연구개발 사업인 만큼, 나침반 모델을 적용하는 데 있어 가능한 한 시행착오를 최소화하는 체계적인 접근이 필요하다. 이를 위해 우선 국가 사회적 가치 중심의 목적함수를 정립해야 한다. 과거에는 비용 최소화 또는 이익 최대화가 훌륭한 목적함수였을 것이다. 하지만 선도형 연구에서는 비용 또는 이익 산정이 어렵다. 일자리 창출, 삶의 질 향상, 사회문제 해결 등 사회적 가치도 포괄해야 한다. 먼 미래를 준비하는 기초연구까지 투자의 당위성을 부여해야 하기 때문이다. 사이클 선수가 선두 추월을 위한 가속도를 얻기 위해 선두로부터 조금 뒤처질지라도 벨로드롬의 상단으로 올라가듯, 정부는 우회 축적의 전략을 수용해야 한다.

* DARPA, Defense Advanced Research Projects Agency. 1958년 2월 설립된 미국 국방부 산하의 연구기관. 애초 ARPA였으나, 1972년 3월 DARPA로 이름이 바뀌었다. 1957년 10월 4일 소련이 세계 최초의 인공위성 스푸트니크 1호 발사에 성공하면서 충격('스푸트니크 쇼크')을 받은 미국은 과학기술·교육 부문의 혁신에 나서는데, 그 일환으로 설립된 기관이다. 1969년 9월 2일 처음으로 통신을 시작한 아르파넷ARPAnet은 인터넷의 시초로, 그 외에도 여러 과학기술 연구 혁신을 이루었다.

실행이 없다면 아무 일도 생기지 않기에

한편 연구자는 도전적 연구에 과감히 몰입하는 열정과 기업가 정신을 보여야 한다. 기업가 정신은 비단 창업에 도전하는 정신만을 의미하지 않는다. 끝이 보이지 않는 연구, 아무도 해보지 않은 연구에 도전하는 정신을 뜻한다. 실패가 당연해 보이는 도전적 연구 사업을 위해 KIST가 정량적 개인 평가를 없앤 이유는, 이분법적 평가와 위험 회피형 연구가 이제 사라져야 할 구시대의 유물이라 믿은 데 있다.

2021년, KIST는 줄 세우기식 5단계(S~D) 평가를 과감하게 개편해 2단계(S/A) 평가를 도입했다. 매년 5단계 평가에서 높은 단계를 유지하겠다고 단기간에 성과를 내는, 안정 지향적 연구 관행에서 벗어나 장기적이면서도 도전적인 연구를 장려하기 위한 혁신이었다. 그 결과는 고무적이었다.

논문, 특허의 양적 증가보다는, 세계적으로 주목받는 연구 성과의 질적 향상이 돋보였다. 논문 수는 2021년 1,350건에서 2022년 1,229건으로 소폭 줄었다. 하지만 영향력 있는 학술지(IF* 20 이상)에 발표한 눈에 띄는 성

---

* impact factor. 피인용지수라고도 불린다. 학술지의 영향력을 나타내는 지표 중 하나로서, 해당 학술지에서 이전 두 해 동안 발행

과는 2021년 39건에서 2022년 83건으로 비약적 증가를 보였다. 좋은 논문은 국내외 동료 연구자들에게 많이 인용되게 마련이므로, 높은 피인용지수는 질적으로 우수한 논문이라는 방증이다. IF 30 이상의 초수월성 연구 성과 역시 2021년 20건에서 2022년 40건으로 두 배 늘었다. 수소에너지의 경제성 확보, 상온 동작 양자 컴퓨터 개발 등의 잇따른 세계적인 성과가 그 증거다. 특히 상온 동작 양자 컴퓨터 연구는 그중에서도 눈여겨볼 만하다. IBM이나 구글 등의 글로벌 기업들이 양자 컴퓨터의 기본 단위로서 극저온 환경에서 동작하는 초전도 큐비트를 개발 중이라면, KIST에서는 상온, 대기압에서 동작 가능한 다이아몬드 큐비트의 가능성을 찾고 있다. 우리의 기술로, 책상 위에 가정용 양자 컴퓨터를 한 대씩 놓자는 포부가 허황된 꿈만은 아닐 것이다.

피터 드러커는 기업가 정신을 실행practice으로 정의한다. 실행이 없다면 아무 일도 일어나지 않는다. 하지만 시도한다면 단 0.1퍼센트라도 가능성이 생긴다. 다시 우리 앞에 놓인 선도형 연구라는 목표에 과감히 도전해야 한다. 새로운 무언가가 시작되는 기쁨을 만끽하는 순간

된 논문이 그해 인용된 횟수를 평균값으로 산출한다. 2022년에는 『네이처』가 64.8, 『사이언스』가 56.9, 『셀』이 64.5를 기록했다.

이 미래의 승자에게 주어지는 바로 그 순간, 미래의 패배자는 과거의 끝에 매달려 슬퍼하고 두려워할 것이기 때문이다.

정답 없는 기로에
서서

'한국 반도체, 탈일본 가속화.'

2019년 한일 무역 분쟁의 결과를 분석한 2021년 2월 7일 『니혼게이자이신문』의 한 기사 제목이다.* 지난 2019년 7월 1일 일본 정부는 국내 반도체, 디스플레이 산업에 악영향을 미칠 일방적 수출 규제를 발표했다. 불화수소, 포토레지스트, 불화폴리이미드 등 반도체 생산에 필수적인 3개 품목에 대해 개별 수출 허가로 변경한 것이다. 2018년 10월 30일 한국 대법원의 일본제철日本製鐵 강제 징용 소송 배상 판결과 2019년 1월 8일 일본 기업의 국내 자산 동결에 대한 보복임이 명백했다.

* 「韓国、半導体で「脱日本」着々 先端材料の国産化進む」, 『日本経済新聞』 2021. 2. 7.

당시 국내외 여러 언론은 한국의 반도체, 디스플레이 산업이 치명타를 맞을 가능성을 예고했다. 하지만 우리는 원재료 공급망의 다변화, 핵심 소재의 대체와 국산화 같은 이성적이면서도 효과적인 대응으로 신속히 피해를 최소화했다. 일본 불화수소의 한국 수출은 규제 전보다 90퍼센트나 감소했지만, 한국 반도체는 위기를 이겨 냈다. 그러나 우리 경제의 심장을 향해 쏜 일본의 공격은 분명 충격이었다.

한일 양국은 서로 가장 큰 교역국 가운데 하나다. 경제적 희생까지 불사할 만큼 정치적 갈등이 불거지리라고는 상상도 못 할 일이었다. 세계시민사회를 이루면 영구 평화가 가능하다고 주장했던 이마누엘 칸트도 당혹했을 터다. 이 같은 일본의 도발은 미-중 경제 분쟁과 더불어, 글로벌 가치 사슬의 취약성을 확인한 계기가 되었다.

19세기 영국 경제학자 데이비드 리카도는 강점을 더욱 전문화하고, 잉여 생산물의 교환으로 효율성을 높인다는 비교 우위론comparative advantage을 주장했다. 이 이론에 토대를 둔 국제 교역이 세계경제 번영을 이끌어왔음은 부인할 수 없다. 협력 속에 강점을 강화할 것인가, 아니면 약점을 보완할 것인가. 세계경제는 정답이 없는 선택 앞에 섰다.

정답 없는 선택은 어디에나 있다. 나는 연구원으로 입사 후 연구를 병행하며 박사 학위를 취득했다. 당시에도 이미 추격형 연구를 넘어 선도형 연구로 전환해야 한다는 시대적 요구가 확산하고 있었다. 강점을 살려 응용 기술로 가치를 창출하는 연구를 이어나갈 것인가. 아니면 부족한 선도형 연구 경험과 글로벌 네트워크를 보완할 것인가. 선택의 순간이었다. 1995년, 펜실베이니아 주립대의 우치노 겐지 교수 연구실에서 연수 연구원 생활을 시작했다. 보완을 선택한 것이다.

우치노 겐지 교수는 전자 재료 분야의 세계적 석학이었다. 일본의 선도적 기술과 미국의 연구 기획, 시스템, 안전 체계와 개방적 연구 문화를 동시에 경험하는 것은 행운이었다. 고가의 첨단 장비를 직접 사용할 수 있다는 점도 특별했다. 물론 사전 교육을 받고 시험을 보아야 했다.

첫 시험은 불합격이었다. 답을 왜 하나만 고르냐는 물음을 받았다. 답이 여러 개일 수 있다는 상식이 우리에게는 없었다. 이 시절 우리 연구도 답은 하나였다. 추격형 연구였기 때문이다. 선도형 연구로 향하는 첫걸음은 이런 화석화된 관념의 틀을 깨는 일이었다.

우리는 누구나 자신만의 강점과 약점을 갖고 있다. 도

널드 클리프턴 박사의 강점 이론처럼 자신의 강점을 강화하는 데 역량을 집중하거나, 앤절라 더크워스가 『그릿』에서 제안했듯 의식적 연습을 통해 약점을 보완할 수도 있다.* 우리는 언제나 한정된 시간과 자원 내에서 최적의 방안을 찾아야만 한다.

강점의 강화와 약점의 보완, 그 사이에서 단 하나만이 정답은 아니다. 진리에는 얕은 진리와 깊은 진리가 있으며, 얕은 진리는 그 반대가 거짓인 반면 깊은 진리는 그 반대 역시 참이라고 한 닐스 보어의 말처럼.

* 앤절라 더크워스, 『그릿』, 김미정 옮김, 비즈니스북스, 2016.

과학기술 정책의 철학

하나의 팀으로 연결되기 위하여

한국 과학기술 정책의 철학은 무엇일까? 대한민국헌법 제127조 제1항은 "국가는 과학기술의 혁신과 정보 및 인력의 개발을 통하여 국민경제의 발전에 노력하여야 한다"로, 과학기술의 역할을 강조하고 있다. 1987년의 시대적 한계 때문에 "국민경제"라고 표현하기는 했지만, "국민의 삶의 질을 높이고 인류 사회의 발전에 이바지"*하는 것으로 이를 확대해석 해도 무방하리라.

이 헌법 제127조의 정신을 현실에서 정책적으로 구현하고자 헌법에도 명시된 자문기구가 바로 국가과학기술

---

* 과학기술기본법 제1조.

자문회의다. 2021년 11월 8일, 국가과학기술자문회의는 30주년을 기념하는 콘퍼런스를 개최했다. 그간의 공과를 함께 돌아보며 심도 있는 평가가 이루어진 가운데, 인력 양성과 탄소중립이라는 국가 현안과 더불어 통합적 과학기술 정책 구현이라는 향후 과제를 놓고 벌어진 열띤 토론이 특히 인상 깊었다.

공통의 목표를 향해 공동체를 이루어 협력한다는 의미의 '원 팀'이라는 말이 있다. 그런데 기후변화 대응과 에너지 안보, 지정학적 위기와 기술 패권 경쟁, 감염병과 안전 등 과학기술을 넘어 사회문제로 확산하는 각종 난제를 지켜보며, 도움의 손길을 구하는 우리나라, 우리 국민에게 과학기술계가 '원 팀 해결사'로 보였을지 의문이다. 왜일까? 나는 그 원인을 철학과 사색이라는 숙의 과정과 그 결과에 대한 파급 정도로 파악한다.

한국을 포함해서 많은 경제협력개발기구OECD 국가는 '임무 지향적 혁신 정책'을 사회 난제 해결의 주요 정책 수단으로 강조하고, 그 중심에 과학기술을 두고 있다. KIST 역시 혁신 주체의 일원으로서 사람, 사회, 지구를 위한 연구개발 및 운영 모델을 구축하는 한편, 기후환경연구소 출범 등을 통해 센서, 소재, 계산과학 등 다학제연구 역량을 융합한 빅사이언스Big Science 연구를 추진하고 있다. 이로써 기후변화 대응 방안을 찾을 뿐 아니라, 연구와 운영 전반에서도 탈탄소화를 모색하는 중이다.

'그랜드 챌린지GRaND Challenge' 사업도 같은 맥락에 있다. 성공 가능성은 낮지만, 성공한다면 세상을 바꿀 수 있는 초고난도 연구에 과감히 도전하도록 장려하는 사업이다. 선정된 연구에 대해서는 목표를 변경하거나 조기 달성을 허용하는 등 유연한 운영 체계를 보장하고, 평가 역시 '최종 성공' '미달성' 외에 '과정 성공'까지 3등급으로 나누어 매김으로써 결과만이 아니라 과정 또한 중시하는 체계를 갖추었다.

그랜드 챌린지 사업은 공고 후 총 31건의 지원을 받아 이 중에서 최종적으로 6개 과제를 선정했다. 이들 가운데 2021년 선정된 3개 과제의 경우 2023년 말에, 2022년 선정된 나머지 과제의 경우 2024년 말에 1차 종료되며, 우수 과제로 선정되면 3년간 추가 시행된다. '자폐 조기 진단 및 치료' '인공 광수용체 기반 시각 복원' 등, 선정된 과제들의 향후 성과가 기대된다.

그러나 사회 난제는 사전적 의미가 그러하듯 해결 자체가 어려울 뿐만 아니라, 대응 과정에서 이를 둘러싼 정치·사회·경제적 이해관계가 첨예하게 대립하여 연구개발 노력만으로는 풀어나가기 힘든 일도 많다. 산업계, 학계, 연구소, 국민과 정부까지, 뿔뿔이 흩어져 있는 옥구슬을 정성스럽게 실로 꿰기 위해서는 기존 지식을 적용하면서도 새로운 도전을 펼치는 선도형 연구를 지속해나가는 것은 물론이고, 우리가 가고 있는 길에 대한 사색과 성찰 그리고 공감이 어느 때보다 중요하다.

관계 중심의 멘토링을 바란다

철학은 인간과 세계에 대한 근본 원리와 삶의 본질을 연구하는 학문을 일컫지만, 경험에서 얻은 인생관, 가치관, 신조 등을 의미하기도 한다. 국민 삶의 질 향상과 인류 사회 발전이라는 국가의 과학기술 정책 철학은 원체 쉽사리 변하기 어려운 것이지만, 혹여 변하기 쉽다면 그 가치관은 철학의 지위를 잃게 될 것이다.

한편, 사색은 어떤 것에 대하여 깊이 생각하고 이치를 따지는 행위다. 나라의 굳건한 정책 철학이 구현 단계에서 잘 발휘되고 있는지를 긴 호흡으로 사색하는 일은, 자원 투입 규모가 크고 진입 장벽이 높은 전문 분야에서 특히 중요하다. 심도 있는 사색의 주체가 한국에서는 국가과학기술자문회의인 것이다.

철학과 사색이라는 숙의를 통해 우러난 값진 제언은 '권위'가 아닌 '관계' 중심의 멘토링으로써 각계로 퍼져나가야 한다. 국가과학기술자문회의가 공식적으로는 대통령의 자문에 응하고 정부 과학기술 주요 정책을 심의하는 기구이지만, 숙의 결과는 대통령이 아닌 민간으로, 종국에는 국민에게 파급되기 때문이다.

KIST 같은 연구기관이 다른 혁신 주체들과 원 팀으로서 국민 삶의 질 향상과 행복 추구에 기여해 국민이 부여한 임무를 달성할 수 있도록, 멘토로서 국가과학기술자문회의의 활약을 기대한다.

과학이 지닌 선한 가치

박상욱 서울대학교 과학학과 교수는 과학기술 혁신 정책
의 여러 분야를 연구하고 있으며, 언론 기고와 정부 위원
회 참여 등을 통해 과학기술과 사회의 가교로서 역할을
자임해왔다.

　　　저출생, 기후 위기, 복합적으로 발생하는 재난과 재해
　　　등, 우리 사회가 직면한 다양한 위기를 극복하는 데 과
　　　학의 역할은 무엇이라고 보십니까?

　　　과학은 인류가 직면한 사회적 거대 난제에 대해
　　　보다 적극적인 역할을 담당해야 합니다. 문제 해
　　　결을 위한 해법을 내려면 과학기술 연구개발과

혁신의 창발이 중요하기 때문입니다. 자연재해가 기술 문명이 만든 위험과 만나면 복합 재난이 됩니다. 과거의 과학기술이 잠재적 위험의 생산 가능성을 외면하고 경제성장에 치중한 측면이 없지 않은데, 앞으로는 연구개발과 혁신의 단계에서부터 책임성을 인식할 필요가 있습니다. 디지털 전환 과정에서 사회경제적 양극화가 심화되지는 않는지, 인공지능을 설명 가능하고 책임성 있는 것으로 관리해나갈 수 있을지도 고민해야 합니다. 과학은 여전히 인류가 가장 신뢰할 만한 지식이자 태도이며 과학자들은 인류가 진보하고 세상이 나아지기를 바라는 사람들입니다. 과학이 지닌 선한 가치가 미래의 희망이라고 생각합니다.

미-중 기술패권 경쟁 속에서 우리나라는 어떠한 협력 전략이 필요하다고 생각하십니까?

기본적으로 한국의 산업 기술과 과학은 미국의 것에 기반하고 있습니다. 소위 안미경중(안보는 미국, 경제는 중국)과 같은 이분법은 과학기술에

무지한 시각의 산물입니다. 세계가 블록화되어 가고, 친한 나라들끼리 뭉쳐 공급망을 재편하는 경향에서 과학기술만 따로 나아가는 것은 불가능합니다. 현실적으로는 과학기술 분야에서 미국과의 협력을 계속 공고히 해야 하겠습니다. 그러나 산업경제적 협력 관계와 이웃 국가들 사이의 호혜적 우호 관계는 더욱 발전되어야 합니다. 중국과도 민감하지 않은 사안부터 개별적인 협력을 펼칠 수 있을 것입니다. 또한 한국은 여러 핵심 기술과 미래 전략 기술 분야에서 기술 주권을 확보하기 위한 노력을 경주해야 합니다.

3부

배는
산으로도
가야 하기에

연구자 자존감을
일으켜라

결과물과 성과

2010년대 초반, KIST 융합연구정책센터장을 맡고 있을 때의 일이다. 나노 기술과 생명공학 기술, 정보 기술, 인지과학이 결합한 '융합 기술'을 미래 열쇠로 제안한 책 『인간 능력의 향상을 위한 기술의 융합』*을 내놓아 전 세계적으로 융합 연구를 본격화한 미국 국립과학재단NSF 디렉터 미하일 로코가 만남을 요청해 왔다. 한국의 국가 융합 기술 정책과 융합연구정책센터를 벤치마킹하고 싶다는 것이다. 아직 우리 융합 기술 수준이 선진국에 못 미친다고 자평하던 상황에서, 그가 만남을 요청

* Mihail C. Roco & William Sims Bainbridge, *Converging Technologies for Improving Human Performance*, Springer, 2003.

해 온 것이 의아했다.

한발 더 나아가, 유럽연합 융합연구회에서는 우리 융합 연구 정책을 배우고 싶다며 기조연설도 부탁했다. 우리가 과학기술 선도 국가로 올려다보던 그들이 자신의 현재 상태를 '위기'라고 인식하며 혁신을 추진하는 이유가 바로 한국의 발전이라니, 선뜻 납득하기 어려운 난감한 제안이었다.

반세기 짧은 역사 속에서 한국 과학기술은 급성장을 거듭하여 21세기 과학기술 대국으로 성장했다. 연구개발 투자는 2021년 약 102조 원을 기록해, GDP 대비 연구개발비 비중이 약 4.93퍼센트로 이스라엘에 이어 세계 2위 수준이다.* 이는 2019년부터 꾸준히 유지 중인 순위다.

또한 연구개발로 상근하는 연구원 수는 47만 728명이다. 중국과 미국, 일본에 이어 세계 4위권을 기록 중이며, 이는 2020년 5위에서 한 단계 올라선 것이다. 세계 1위 수준에 해당하는 연구원 수는 경제활동인구 1,000명당 16.7명, 인구 1,000명당 9.1명에 이른다. 이렇게 투자가 늘어난 만큼 성과도 있었다.

특히 연구개발 결과물output의 양적 성장이 눈부시다.

---

* 한국과학기술기획평가원, 「2021년도 연구개발활동조사보고서」, p. 4.

특허등록 건수는 1980년 1,632건에서 2022년 13만 5,180건으로 80배 이상 늘었다. 미국 특허청, 일본 특허청과 유럽 특허청 모두에 등록된 삼극 특허triadic patent는 세계 4위 수준이다. 1980년 200여 건에 불과했던 SCI 논문은 (앞서 말했듯) 2021년 8만 3,680편으로 올랐다.

하지만 사회경제적 효과로 대표되는 성과outcome는 아직 높이 평가하기 이르다. 2021년 연구개발 투자 대비 지식재산 사용료 수입 비중 23위, 국제경영개발원IMD 이 발표한 세계 경쟁력 순위에서도 과학 인프라 지표 중 '산학 간의 지식 전달 정도'는 25위를 차지했다. 투자와 결과물의 양적 성장에 못 미치는 성과 성적표는, 최근 과학기술계를 향해 혁신을 요구하는 목소리에 힘이 실리는 가장 큰 이유 중 하나다.

연구개발도 사람이 한다

투자, 결과물, 성과에 따라 희비가 엇갈리는 우리 과학기술을 미적분학에 비유해보자. 속도를 미분하면 가속도이듯, 미분은 변화를 의미한다. 이에 반해 속도를 적분하면 이동 거리가 된다. 즉 적분은 축적량을 가늠할 수 있게 한다. 같은 맥락에서 논문과 특허 규모를 우리 과학기술의 속도, 즉 현재 수준으로 볼 수 있다. 그렇다면 연구개발 투자는 과학기술 수준의 미분이 된다. 우리 과학기술의 축적으로 생겨나는 사회경제적 성과는 자연스레 적분으로 살펴봐야 할 것이다.

이런 관점은 들쑥날쑥한 한국의 국가 과학기술 경쟁력 순위를 이해하는 데에도 도움이 된다. 2021년 블룸버그는 한국의 혁신 지수를 세계 1위로 평가했다. 과학기술 수준의 가속도를 평가한 것이다. IMD는 우리 과학 경쟁력을 5~6위 수준으로 봤다. 연구개발비 규모와 그에 따른 결과물로써 확인할 수 있는 현재의 한국 과학기술 수준이다.

이에 반해 세계경제포럼WEF과 같은 곳은 한국의 혁신 수준을 20위권 후반으로 낮게 봤다. WEF의 특성상, 과학기술적 투자가 누적되어 창출하는 사회경제적 가치 규모가 중요했을 터다. 결국 우리는 과학기술 선진국이 보유한 과학기술의 사회경제적 가치 창출이라는 적분을 부러워하지만, 그들은 최고 수준의 한국 과학기술 투자라는 미분이 두려운 것이다.

50년 전, 국가의 부름을 받아 사사로운 이로움을 제쳐둔 채 귀국한 과학자 18인의 도전 정신을 이어받은 한국의 과학기술자들은 세계 과학기술 경쟁력 5~6위라는 현재를 일궈냈다. 박수를 받아 마땅하다. 게다가 한국 정부는 훌륭한 국가 과학기술 정책으로 세계 최상위 연구개발 투자율을 확보했다.

사회경제적 성과도 여러 해에 걸친 추이를 살펴보면 가파르게 성장하고 있다. 2000년 이후 기술 수출액이 급격히 늘고 있다. 하지만 아직 만족할 수준은 아니다. 여러 가지로 분석해볼 수 있겠지만, 선진국과 우리의 적분값이 아직 비교하기 어려운 차이를 보인다는 것도 큰 이유다.

한계가 있으니 현재에 안주하자는 말은 결코 아니다. 조급한 마음에 황금알을 낳는 거위의 배를 가르는 우를 범하지는 말자는 것이다. 과학기술 투자를 동결·축소하거나 단기 경제적 효과가 뚜렷할 분야로 투자를 집중하자는 주장도 균형감 있게 다시 살펴야 할 터다. 사회경제적 성과를 증폭할 수 있는 새로운 연구개발 전략이 필요하다.

개념 설계 역량처럼 가치가 높은 과학기술 공유 자산을 축적해나가야 한다. 나는 새로운 연구개발 전략을 실현하기 위한 필요조건이 도전적이고 창의적인 연구와 몰입 연구 환경이라 믿는다. 연구개발도 사람이 한다. 당연히 그 첫걸음은 답을 잘하는 과학자가 아닌, 질문을 잘하는 도전적이면서 창의적인 과학자로 변화하는 것이다.

이는 자존감 없는 연구자에게는 불가능한 일이다. 사회적으로 연구자가 자존감을 높일 수 있는 분위기 마련이 필요하다. 추격형 연구를 수행하는 데는 효과적이었던 하향식 연구 조직 관리도 변해야 한다. 연구자의 자존감을 망가뜨려서는, 선도형 연구 패러다임이 요원할 수밖에 없다. 혁신의 방식도 바뀌어야 한다. 연구자와 소통 없이 일방통행 하는 혁신은 여기까지다.

프란츠 카프카의 소설 「변신」에서 그레고리 잠자는 사회에 순응하던 인물로서 벌레가 되는 운명을 맞았지만, 대한민국의 미래를 만들어야 하는 연구자는 그럴 수도, 그래서도 안 되지 않겠는가?

도전적 연구개발 문화의 토대

KIST라는 실험

일부 비관론자들은 개발도상국에 최고 수준의 연구시설이 과연 필요한 것인지에 대한 의문을 제기하고 있으며, 이 사업이 한국인의 자부심만 충족시키는 쓸모없는 장식품으로 전락하여 국가 발전에 이바지하지 못할 수 있음을 경고하고 있다. 이 실험에 대한 성공 여부는 최소 10년 내에 가늠할 수 없을지도 모른다.[*]

세계적인 과학 학술지 『사이언스』는 1970년 3월 6일

[*] Philip M. Boffey, "Korean Science Institute: A Model for Developing Nations?," *Science* 167, 1970, p. 1354.

KIST 전경, 1969년.

(사진: KIST)

「한국 과학 연구소, 개발도상국의 모델인가」라는 기사를 실었다. 1966년 설립한 국내 최초의 정부 출연 연구기관 KIST를 중심으로 한 모델이 성공할 수 있을지 의문을 제기하는 기사였다.

그 기사가 나오고 나서 53년이 지났다. 더구나 2023년은 KIST 설립 57주년이 되는 해이다. 1966년 당시 한국의 1인당 국민소득GNI은 125달러에 불과했다. 하지만 지난 57년간 KIST는 물론이고, 이 기관이 견인한 한국 과학기술과 경제성장의 성과는 눈부실 정도다.

KIST는 그동안 약 600조 원 이상의 사회경제적 가치를 창출했다. 한국이 세계 일곱번째로 20-50 클럽 국가로 발돋움하는 데에도 큰 힘을 실었다. 또 미래 국가 발전을 위해 혁신 역량을 구축하는 데에도 16개 정부 출연 연구기관의 모태 역할을 담당하며, 과학기술 인력의 저수조 역할을 훌륭히 수행해왔다. 그런 만큼 KIST 57주년은 곧 대한민국 과학기술 57주년과 같다.

지난 57년간 전 세계에서 한국 과학기술의 위상이 높아진 것은 누구나 인정하는 사실이다. 하지만 이 자리에 머물러 있을 수만은 없다. 앞서 인용한 「2020년 기술수준평가」에 따르면, 한국과 중국의 과학기술 수준 차이는 미미한 수준으로 나타난다. 심지어 대다수 세계 전문가는 과학기술과 혁신 역량에 있어 중국이 이미 우리를 추월한 것으로 보고 있다. 부정할 수만은 없는 지적이다. 기술 선진국을 언급할 때 자연스레 중국을 포함하는 것이 현실이다. 만성적인 저성장과 저출생, 베이비붐 세대의 은퇴로 우리가 겪게 될 인구 절벽도 걱정해야 한다.

그렇기에 과학기술계는 지금까지의 추격형 연구가 아닌 선도형 연구를 통해 미래 국가 경쟁력과 성장을 담보할 무기를 만들어야 한다. 그렇다면 어떻게 해야 할까?

한 국가의 과학기술과 혁신 역량은 연구개발 투자와 비례하지만, 그렇다고 무작정 투자를 늘릴 수만은 없다. 정부의 연구개발 예산 비중은 이미 세계 최고다. 2023년 과학기술 예산 규모는 약 30조 원으로, 같은 해 국방비 예산 57조 원의 50퍼센트를 상회한다. 이미 한계에 다다른 외형적 성장이 아닌, 혁신을 통한 'K-R&D 3.0' 선택이 과학기술계에 절실하다는 뜻이다.

K-R&D 3.0은 먼저 도전적 연구개발을 필수로 한다. 한국의 국가 연구개발 사업 성공률은 98퍼센트에 이른다. 그럼에도 과학기술 수준은 여전히 미국의 80퍼센트 수준을 맴돌며, 과학 분야에서 노벨상 수상자를 배출하지도 못했다. 애초에 쉽게 달성할 수 있는 목표를 연구자가 설정한 것이 아니냐는 의혹을 받는 대목이다.

선도형 연구의 실현을 위해서는 세계 최고 수준을 넘어서는 연구, 세계 최초의 연구를 해야 할 때다. 이는 기술 개발을 중심으로 하기보다는, 문제의 정의와 해결을 중심으로 하는 연구 기획의 토대에서 비로소 시작될 수 있다. 지금까지 추격형 연구에서는 선진국이 보유한 첨단 기술의 구현을 목표로 삼았다. 반면 선도형 연구의 경우에는 사업 제안 요청서RFP를 통해 제시할 구체적 기술이 존재하지 않는다. 그렇다면 연구개발을 통해 성취해야 할 기능과 해결해야 할 문제를 제시하는 형태로 RFP가 달라져야 한다. 우리가 처한 문제를 이해하고 구조화하여, 과학기술자가 도전할 연구개발 주제로 정의해야 한다는 뜻이다. 또한 미래에 다가올 문제를 인식하고 정의하는 역량도 요구된다.

국가적 연구개발의 모델로서

한편 선도형 연구의 토양으로서 자율과 책임 중심의 연구개발 관리가 필요하다. 이를 위해서는 우선 책임 평가제가 정착되어야 한다. 현재 평가자 선정에서 가장 중요한 기준은 바로 상피 제도다. 학교 동문, 직장 동료, 같이 논문을 쓴 공저자 등, 어떤 형태로든 피평가자와 유관할 가능성이 있는 연구자는 평가자로서 평가에 참여할 수 없도록 한 것이다.

얼핏 공정해 보이는 이 평가에는 장점보다 단점이 많다. 과학기술의 영역이 급속도로 확장되는 한편 전문가 그룹은 한정된 상황에서, 피평가자와 무관한 평가자를 고르다 보면 비전문가가 전문가를 평가하게 되는 상황이 벌어진다. 이제 각 분야별로 최고의 평가자를 선정하고 그들을 감출 것 없이 공개함으로써, 신뢰와 명예를 기반으로 하는 전문성 있는 평가가 이루어지게 해야 한다.

2016년 『사이언스』에는 「KIST 창립 50주년, 과거의 기적을 넘어」라는 글이 실렸다. 앞서 소개한 1970년 기사의 의문에 대한 응답이었다.

> 한국이 반세기 만에 이룬 성취는 기적이라 해도 과언이 아니다. 향후 50년 안에 모든 나라가 인구 증가, 지속 가능한 에너지 및 식량 문제, 보건, 질병 그리고 기후변화라는 도전에 대응해 큰 진전을 이루길 요구받을 것이다. KIST는 국가적 연구개발의 중심이자 선두에 있을 뿐 아니라, 모든 인류의 삶을 개선하는 데 한국이 기여하게끔 보탬이 되어줄 것이다.*

* ByungGwon Lee, "KIST at 50, beyond the miracle," *Science* 351, 2016, p. 895.

KIST 100주년이 되는 2066년에는 한국 과학기술의 위상이 또 어떻게 바뀌어 있을까? 지금부터 도전적 연구 개발에 나선다면, 한국이 최고 기술 보유국이 되는 것도 단지 꿈만은 아닐 것이다.

"배는 산으로도
가야 한다"

격화되는 미-중 기술 패권 경쟁의 대응책을 논의하는 자리에서 있었던 일이다. 제시된 의견들은 새로울 게 없었다. 창의적이고 도전적인 연구 환경, 유니콘 기업을 육성할 혁신 생태계, 신기술을 따라잡지 못하는 법과 제도의 문제점이 열거되었다. 간섭 배제와 자율성 확대가 필요하다는 데는 모두가 의견을 모았다.

그러나 '그렇지만'이 발목을 잡았다. 자칫 배를 산으로 보낼 수도 있다는 우려였다. 결국 참지 못하고 기어이 한 마디를 하고 말았다. "이제 과학기술 배는 산으로도 가야 합니다."

넷플릭스에서도 볼 수 있는 역사 드라마 〈바이킹스〉(2013~2020)는 9세기 초·중반 덴마크와 스웨덴 일대를 다스렸다는 전설적인 바이킹 군주 라그나르 로스브로크에 관한 이야기다. 바다의 무법자 바이킹의 활약 중에서도 파리 공략을 다룬 '육로 수송Portage' 편이 가장 인상 깊었다. 센강의 협로에서 요새와 쇠사슬에 가로막혀 후퇴하던 중, 로스브로크는 뜻밖에도 절벽으로 둘러싸인 곳에 배를 세운다.

약탈할 정착지를 다른 곳으로 찾자는 참모들에게 그는 말한다. "그곳은 파리가 아니다. 배를 절벽 위로 올려 산을 넘는다. 파리로 간다." 육로 공략을 전혀 예상치 못했던 파리는 결국 포위되고 말았다. 배가 산으로 가서는 안 된다는 편견을 깨고, 무모해 보이는 도전으로 그들의 목표를 달성했다.

1966년 박정희 대통령은 과학 입국의 기치 아래 KIST를 설립했다. 당시 세계 최빈국이던 한국의 이 선택은, 국내외 경제학자에게는 배가 산으로 가는 것처럼 보였을지 모르겠다. 하지만 당장 배고픔을 해결하는 대신 미래를 선택한 지 반세기, 자원이 부족해 흙수저나 다름없던 악조건에서 우리는 러시아와 오스트레일리아를 제치고 세계 10위권의 경제 대국이 되었다.

그뿐만 아니다. BTS와 블랙핑크를 향한 전 세계인의 열광으로 확인할 수 있는 K-팝, 봉준호 감독의 영화 〈기생충〉(2019)의 오스카상 수상으로 확인된 K-시네마, 〈오징어 게임〉 열풍의 K-드라마 등으로 21세기 문화 강국 반열에 오르며, 백범 김구 선생의 꿈마저 사실상 이뤄냈다. 영광스러운 오늘이다. 그럼 이제, 충분한 걸까.

부모 세대보다 가난해질 것을 두려워해야 하는 미래 세대에겐 우리의 오늘이 디스토피아일 수 있다. 2022년 10월 과학기술정보통신부에서 선정한 12대 국가전략기술은 조금 더 잘한다고 되는 것이 아니라, 앞서나가지 않으면 기술 패권 경쟁에서 도태될 원천 기술이다. 문제는, 2차 전지나 반도체, 디스플레이를 제외한 대부분의 국가 전략기술 수준이 최고 기술 보유국인 미국의 60퍼센트 선에 불과하다는 사실이다. 변하지 않으면 내려갈 일만 남았다. 변화를 위한 첫걸음은 다시 한번 우리 연구자들에게 지금의 무모하지만, 미래의 탁월한 도전을 허락하는 일이다. 새로운 지평을 열 길은 제한 없는 아이디어와 이에 대한 지원이다.

소위 공공 연구개발의 패러독스라는 '98퍼센트 성공률'이 상징하는 위험 회피형 연구개발의 관성에서 벗어나기 위해, KIST는 지금 혁신을 추진 중이다. 앞에서도 설명했듯 실패를 전제로 하는, 대단히 도전적인 목표에 도전하는 그랜드 챌린지 사업이 대표적이다. 선정된 과제는 과정의 우수성을 평가받게 된다. 실패를 두려워하지 않고 꼭 필요한 연구를 해내겠다는 소명에 찬 연구자를 응원하는 프로그램이다.

단 1~2점에 등급이 바뀌는 줄 세우기식 평가를 과감히 폐지하기도 했으나, 연구자가 대형 연구 주제에 도전할 수 있게끔 개인 평가의 유예를 신청할 수도 있게 한 점 역시 이 프로그램의 또 다른 특성이다. 게임 체인저 기술을 목표로 하는 연구자에게, 경쟁자는 옆 실험실의 동료가 아니라 오랜 시간 관련 연구에 평생을 바쳐온 세계의 석학들이기 때문이다.

선도형 연구개발을 위해서는 먼저 두려움 없는 도전이 지속해서 이뤄질 수 있어야 한다. 게임 체인저급 기술 개발에 대한 도전은 상식을 깨는 창의력으로 문제를 정의할 수 있는 기획 역량에서 시작된다. 실패에 대한 두려움에 휩싸인 연구자에게 창의력을 기대하기란 어불성설이다. 우리도 이제 투입 대비 산출을 따지는 효율성에서 탈피해야 할 때다. 과학기술이라는 배는 두려움 없이 산으로도 갈 수 있어야 한다.

다양성과
역동적 연구 문화

로마의 합창에서 얻은 교훈

한국의 관문, 인천국제공항은 명실상부 세계 최고의 공항이다. 인천국제공항은 2016년 국제공항협의회 ACI가 주관하는 세계 공항 서비스 평가ASQ에서 5점 만점에 4.994점이라는, 만점에 가까운 점수를 받았다. 그해까지 12년간 연속 1위를 차지하면서, 더 이상 이 평가를 받지 않기로 방침을 정하기도 했다. 인천국제공항은 2017년 세계 공항 서비스 수준 향상에 크게 공헌한 점을 특별히 인정받아 '특별 공로상'도 받았다. 학회, 국제 협력 사업 등 해외 출장으로 인천국제공항을 이용할 때마다 뿌듯함을 느낀다. 세계 어떤 공항도 부럽지 않았다.

하지만 유럽 출장 중에 로마 피우미치노 공항에서 경

추월의 방정식

험한 일화는 두고두고 생각난다. 피우미치노 공항 대합실에는 생뚱맞게 그랜드피아노가 한 대 놓여 있다. 장식이라고 하기엔 너무 거하고, 피아노 공연을 위한 것이라 하기엔 준비가 허술해 보였다. 음향 시설도, 최소한의 관람용 좌석도 없었다. 그런 엉성한 곳에서 엄청난 일이 일어났다.

비행기를 기다리던 승객 한 사람이 용감하게 피아노 덮개를 열고 의자에 앉아 연주를 시작했다. 여러 국가에서 온 승객들이 하나둘 모여들었다. 그 정도는 우리에게도 일어날 수 있는 일이었다. 하지만 여기서부터 달랐다. 피아노를 연주하던 승객이 익숙한 가곡의 선율을 연주하자, 하나둘 행복 가득한 얼굴로 동참하여 합창을 시작했다. 어떤 이가 신청곡을 외치면 다른 이는 스마트폰으로 악보를 찾아 연주자에게 보여주었다. 낯선 이와 스스럼없이 어깨동무하고, 서툴지만 아름다운 화음을 만들어냈다.

피우미치노 공항에서의 경험은 로봇, IoT(사물 인터넷), 빅데이터, 생체 인식 등 첨단 기술을 총동원해 스마트 공항으로 만들겠다는 한국 공항과는 사뭇 달랐다. 비행기 시간에 맞춰 탑승 게이트로 향하는 동안에도 합창은 계속되었다. 생뚱맞은 피아노 한 대로 감동적인 공간과 시간을 만들어내고 있었다.

다양성과 포용성의 연구개발

어떻게 이러한 일이 가능했을까? 단순히 유럽의 문화라고 넘어가기엔 인상이 너무도 강렬했다. 유럽에 머무는 사이, 어떤 차이가 이를 가능하게 했는지 묻고 또 물었다. 가장 설득력 있는 설명은 그들이 보유한 다양성과 포용성이었다. 다양성을 인정하고 장점으로 받아들여, 새로운 시도를 긍정적으로 바라보고 동참할 수 있다. 다양한 사람이 어우러져 있기에, 예상치 못한 상황에 유연하게 대응한다. 배척하지 않고 배움을 얻으며, 협력을 통해 시너지를 만들어내는 원천으로서 다름을 이해한다. 나의 다름을 이상하게 보지 않을 것이라는 믿음이 있기에 서툰 연주, 노래 실력이라도 거리낌 없이 발산할 수 있다.

사실 유럽 사회가 역사적으로 다양성과 포용성을 가진 곳은 아니었다. 특정 종교와 종파만을 정통이라 주장하며 추종하는 배타주의는 극심한 대립으로 이어져, 전쟁과 학살이라는 비극을 낳았다(종교전쟁을 떠올려보라). 극단적으로 획일화된 사회를 지향하는 나치즘, 파시즘이 유럽 대륙에 만연하던 시절도 있었다. 독일은 게르만

족이 활동할 충분한 지리적·사회경제적 공간을 확보해야 한다는 레벤스라움Lebensraum을 주장하며 배타적·살인적 이주 정책을 펴기도 했다. 수천만 명의 귀한 목숨을 앗아간 제2차 세계대전이라는 참화를 겪고서야 뼈에 새긴 교훈이 다양성과 포용이었다.

지난 20세기의 우리는 눈 가면을 한 채 앞만 보고 달리는 경주마처럼, 좌고우면하지 않고 효율성을 무기로 경제를 발전시켜왔다. 전쟁의 폐허에서 자동차, 조선, 반도체, 스마트폰 등의 첨단 산업을 주력으로 기반을 다졌다. 우리가 밟아온 성공의 길은 효율성이라는 DNA를 우리 유전자에 각인하는 과정이기도 했다. 그렇다 보니 다양성을 키울 여유를 갖기 어려웠다. 짧은 시간 내에 산업 일꾼을 길러내느라 교육도 획일화가 불가피했다. 효율성이라는 프레임 속에서 치열한 경쟁을 하는 우리에게 포용은 사치였는지 모른다.

물론 지난 10여 년간 변화를 위해 노력해온 것은 사실이다. 하지만 2010년대 후반 국가과학기술연구회 융합연구본부장으로 지낸 3년을 되돌아보면, 아직 갈 길이 멀다. 저성장이라는 뉴노멀 속에서 창의를 토대로 한 혁신 성장만이 유일한 대안이 된 지금, 우리 과학기술계 또한 다양성의 부족이라는 한계를 절감하고 있다.

융합의 중요성을 강조하지만, 자발적으로 경계를 허무는 융합을 기대하기엔 우리의 포용성 수준이 아직 끓는 점에 이르지 못했다. 2022년 상향식 연구자 주도 기초연구 사업 규모는 2조 5,500억 원으로, 전체 국가연구개발 사업 중 8.3퍼센트에 불과한 실정이다. 같은 맥락에서 이정동 교수도 『축적의 길』에서 다양성을 중심으로 하는 스몰 베팅 스케일 업 전략을 강조했다.

　　유럽도 세계대전이 끝난 후 바로 다양성과 포용성을 지닌 사회로 변모한 것이 아니다. 지독한 내부 갈등과 반작용을 견뎌내야만 했다. 우리가 효율성이라는 성공의 덫에서 빠져나와, 다양성과 융합을 통해 효과성을 지향하는 사회가 되는 데에는 앞으로도 많은 노력과 고통이 필요할 것이다. 우리 과학기술계가 새로운 길의 선두에 섰으면 한다. 피아노를 치듯 누군가는 새로운 연구를 제시하고, 합창에 참여하듯 다양한 연구자들이 융합해 문제를 해결해내는 역동적 연구 문화를 꿈꾼다.

인재 확보의
방법

"튀르키예와 시리아를 위해 기도해주십시오."

KIST 내부 게시판 글이 눈길을 붙잡았다. 2023년 2월 6일 새벽 아시아 대륙의 서쪽 끝을 덮친 규모 7.8, 최악의 대지진에 고통받고 있는 이들을 돕는 일이었다. 일상이 한순간에 무너지는 재앙 앞에서 강 건너 불구경만 할 수 없어 한 일만은 아니었다. KIST에 열여덟 명의 튀르키예 학생이 있는 이상, 재앙은 우리의 일이었다.

KIST 구성원의 국적이 다양해지고 있다. 해외의 우수 학생을 유치 중인 KIST 스쿨은 설립 초기였던 2000년대 에는 중국, 러시아 등 5개국을 대상으로 했지만, 이제는 독일, 프랑스 같은 선진국을 포함해 30여 나라에서 온 미 래 세대들로 붐비는 중이다. 이는 세계화 전략에 따른 당연한 결과이자, 연구자를 확보하기 위한 궁리의 산물이기도 하다. 베이비붐 시대에는 매년 100만 명 이상 태어났다면, 앞으로 연구실을 채워가야 할 MZ세대의 출생률은 그 절반에도 미치지 못한다. 인력 부족으로 아우성치는 것은 여느 분야들과 다름없이 과학기술계에도 본격화된 어려움이다. 인재 유입에 더 많은 시간과 비용을 투입해야 하는 과제가 주어졌다.

인재 확보 차원에서 세계화는 필연적이다. 여기에 무엇보다 실효성 있고, 사회적 가치 창출도 가능한 또 다른 효과적 인재 확보 방안이 있다. 바로 여성 과학자를 늘리는 것이다. 전체 대학 졸업자 가운데 여성은 거의 절반을 차지하지만, 2021년 자연 및 공학 계열 졸업생은 34퍼센트에 불과했다. 여성과학기술인력 활용 실태조사로 확인한 2021년도 과학기술 연구개발 기관의 여성 재직자 비율 21.8퍼센트, 10억 원 이상 대형 연구 과제의 여성 책임자 비율 9.1퍼센트라는 숫자는 문제점과 가능성을 보여주기에 충분하다.*

먼저 문제점을 살펴보면 크게 두 가지다. 첫째는 공학 계열에서 여성의 비율이 낮다는 점이다. 자연 계열에서

---

* 한국여성과학기술인육성재단, 「2021년도 여성과학기술인력 활용 실태조사 보고서」, 2023.

추월의 방정식

는 오히려 여성의 비율이 앞서지만, 정원이 자연 계열의 두 배 이상인 공학 계열에서는 2021년 처음으로 졸업생 가운데 여학생 비율이 겨우 25퍼센트를 넘어섰다. 2000년엔 17.8퍼센트 수준이었다. 뛰어난 재능을 가진 더 많은 여학생이 과감하게 공학 계열을 선택할 수 있는 사회적 분위기 조성이 숙제다.

둘째, 숙제는 여성이 사회생활 도중에 이탈하는 현상을 일컫는 '새는 송수관leaky pipeline'을 극복하는 일이다. 2023년 6월 1일 여성가족부가 발표한 '2022년 경력 단절 여성 등의 경제활동 실태 조사' 결과를 보면, 전 생애에 걸쳐 경력 단절을 경험한 여성 비율은 42.6퍼센트로 나타났다.* 경력 단절이 처음 발생하는 평균 연령은 29세, 경력 단절을 겪은 여성이 재취업하는 데는 평균 8.9년이 걸렸다. 자녀가 있는 기혼 여성이 경력 단절을 겪은 비율은 58.4퍼센트로, 자녀가 없는 기혼 여성(25.6퍼센트)보다 두 배 이상 높았다. 3년마다 실시되는 이번 실태 조사는 25~54살 여성 8,521명을 대상으로 진행됐다.

이 두 문제 모두 근본에는 자녀 양육과 가사에서 불평등을 가져오는 '모성 장벽maternal wall'이 있다. 이 장벽을

* 여성가족부, 「2022년 경력단절여성 등의 경제활동 실태조사 결과」, 보도자료, 2023. 6. 1.

넘는 일을 온전히 여성 연구자 개인의 몫으로 남겨둘 순 없다. KIST가 설립된 1966년 학위를 취득해 한국 최초의 여성 농학박사가 된 김삼순 박사도, 여동생의 시숙인 이태규 화학 박사의 도움이 없었다면 유학길에 오를 수 없었을지 모른다. 장벽을 낮추고, 이를 뛰어넘을 수 있도록 돕는 일에 정부, 사회는 물론 연구기관도 적극 나서야 한다.

여성 친화적 연구 환경을 조성하기 위한 노력은 계속된다. KIST는 정부 출연 연구기관 중에서도 가장 먼저 재량근무제를 도입했다. 연구원이 획일적인 근무시간에 구애받지 않고 연구에 몰입할 수 있게 하는 제도로서, 연구에 적합하지 않은 주 52시간 근무제의 한계에 대응하는 동시에 연구자 스스로 연구와 가정의 균형을 맞춰 둘을 양립시킬 수 있게 한다는 장점이 크다. 특히 사회 분위기상 연구와 가정의 양립 부담을 더 크게 지는 여성 연구자는 물론, 남성 연구자까지 모두에게 가치를 제공할 수 있는 제도다.

또한 정량적 연구 성과를 바탕으로 연구자를 줄 세우던 평가 제도를 없앰으로써, 연구자가 출산과 육아로 연구를 일시 중단하더라도 단기 평가에 대한 불안 없이 안정적으로 연구 현장에 복귀할 수 있게 되는 효과도 기대할 수 있다. 과거에도 출산 휴가 후 평가를 일정 기간 유예하는 제도가 있었지만, 미래에 대한 부담까지 해소해 주지는 못했다. 연구자는 일정 워밍업 기간이 주어진다고 바로 제 성능을 발휘하는 기계장치가 아니기 때문이다. 또한 출산, 육아 휴직이 여성 연구자만의 제도라는 인식에서 벗어나 남성 연구자도 신청하기 시작했다. 기존 제도와의 시너지 효과도 확인했다. 근본적 혁신이야 말로, 과학기술계가 여성 인재에게 보내는 최고의 초대 장이다.

창업 생태계
운하

연구실 창업, 기술과 시장을 연결하다

유럽과 인도양을 잇는 항로가 15세기로 회귀하는 사건이 벌어졌다. 2021년 3월 23일, 중국발 네덜란드행 화물선이 좌초하며 수에즈운하를 막은 것이다.

일부 선박은 9천 킬로미터 넘게 돌아가야 하는 희망봉 항로로 향했다. 재개통까지 걸린 시간은 일주일. 이 기간 동안 세계 해운 산업의 피해는 천문학적 규모로 추산된다. 선박, 항공, 철도를 모두 합친 국제 교역량의 12퍼센트를 책임지며 세계경제의 대동맥으로 불려온 수에즈운하의 위상을 새삼 실감하게 한 사건이었다.

21세기 세계 산업구조는 거대한 가치 사슬로 묶여 있다. 상품 제조와 유통·판매·서비스의 모든 과정이 국제

2021년 3월 23일,
컨테이너 화물선 에버기븐호가 좌초해
수에즈운하를 막고 있다.

(사진: NASA JSC ISS image library)

적으로 분업화되었다. 수에즈운하로 중동과 유럽·아시아를 오가는 수많은 원자재, 중간재, 완제품이 멈춘 이 사건은 이 거대한 글로벌 가치 사슬의 생생한 단면을 엿볼 수 있게 한다. 대규모 운하는 물류비용을 최소화할 뿐만 아니라 세계시장 변화에 민감하게 대응할 수 있는 전략적 이점까지 제공해왔다. 대서양과 태평양을 하나로 만든 파나마운하도 마찬가지다.

기술과 시장을 직접 연결하는 연구실 창업은 시간과 비용의 단축으로 큰 사회경제적 가치를 창출하는 운하와 닮은꼴이다. 과거 연구실 창업이 활발했던 1990년대 후반과 2000년대 초반 사이 많은 이가 창업을 꿈꿨다. KIST에서도 마찬가지다. 나 역시 한때 창업을 준비했지만, 연구와 기업 경영의 역량 사이에는 극복하기 힘든 간극이 있었다. 준비되지 않은 창업으로 실패하는 경우가 늘면서 모험보다 안정적인 일자리를 선호하는 경향이 강해졌고, 이는 한국 사회와 경제의 역동성마저 위축시켰다.

지난 20년간 정부는 창업의 중요성을 재인식하고 활성화하기 위해 노력해왔다. 이와 궤를 같이하는 KIST의 여러 지원 제도를 운하의 형태와 비교해볼 수 있다. 하나는 물길을 터주고 자체 동력으로 통과시키는 '수에즈형,' 또 하나는 갑문을 이용해 선박을 들어 올린 뒤 예인 기관차들이 끌어주는 '파나마형'이다.

창업이 성공하려면 '죽음의 계곡'은 물론, 본격적인 시장 경쟁 단계인 '다윈의 바다'도 건너야 한다. 당연히 성공보다 실패 확률이 더 높다. 이런 실패의 두려움을 넘어서도록 길을 터주는 것이 수에즈형 지원이다. 가령 두려움 없이 창업에 나설 수 있도록 겸직과 휴직을 3년 허용한 기존의 겸직 제도를 더욱 확대하고, 연구가 천직인 이들이 경력 단절 걱정 없이 창업 의지를 이어갈 수 있도록 계속 연구에 참여할 기회를 제공했다.

일단 이렇게 지원했더니, 2020~2022년에 창업한 기업 수가 2017~2020년의 11개에서 21개로 두 배 가까이 늘었다. 2019년 35억 원과 비교할 때 투자 유치도 2022년 380.9억 원으로 열한 배나 늘었다. 혁신 항암제 개발 스타트업 티씨노바이오사이언스, 인공지능 기반 치과 솔루션 개발 스타트업 이마고웍스 등이 그 주인공이다.

한편 파나마형 지원은 모든 것이 부족한 창업 초기에 상용화를 위한 추가 기술의 개발과 시제품 제작까지 지원하는 프로그램이다. 또 자본이 부족한 창업 기업이 기술 개발에 필요한 자금(출연금)을 지원받는 경우 그 대가로 지분 대신 기술료를 납부하도록 했다. 위험한 해협을 건널 때 배들을 안전한 수로로 인도하는 도선사처럼, 연구와 경영의 차이를 보완해줄 기업가와의 공동 창업도 성공률을 높였다.

혁신 생태계라는 글로벌 스탠더드

이쯤에서 미국 뉴욕 브루클린의 혁신 클러스터, '뉴랩'을 방문한 기억을 되새긴다. 과거 미국 해군 조선소였던 네이비야드를 개조해 연 그곳에서는 현대 해전사에 등장하는 수많은 전함이 건조되었다. 1945년 9월 2일 일본이 항복문서에 서명한 장소로서 연합국 승리의 상징이 된 전함 미주리호도 그중 하나였다. 미주리호는 한국전쟁 당시 한반도에 가장 먼저 도착해 굵직한 전투에서 맹활약하며, 흥남 철수작전에도 참여하는 등 한국과 유달리 인연이 깊다.

과거의 네이비야드가 20세기 미국을 세계 패권국으로 이끈 전함들의 조선소였다면, 현재의 네이비야드는 21세기 미국의 기술 패권을 지키기 위해 과학기술로 무장한 첨병들이 태동하는 현장이다. 이 역동적인 곳을 둘러보며 신선한 충격을 받은 나는, 한편으로 특별한 자부심 또한 느꼈다. KIST의 수소 기술을 기반으로 KIST 출신 한국인들이 창업한 스타트업이 이곳에서 대단한 주목을 받고 있기 때문이다. 이 혁신 기업은 암모니아에서 수소를 뽑아 수소 연료전지로 전력화하는 첨단 기술을 드론과 트랙터, 화물 트럭, 선박에 확대 적용하고 있었다.

수소H는 우주에서 가장 많은 양을 차지하는 원소다. 하지만 자연 상태에서 수소 원자 홀로 존재할 수는 없다. 물H_2O, 메탄CH_4, 암모니아NH_3처럼 다른 원자와 결합한 분자로 존재한다. 이들로부터 수소를 뽑아내는 일은 경제적·산업적으로 중요할 뿐 아니라 국가 안보 차원에서도 비중이 큰 국가전략기술 가운데 하나다. 하지만 낮은 경제성에 발목을 잡혀 아직 연구실을 벗어나지 못하는 바람에, 조금 먼 미래의 기술로 인식되어온 것이 현실이다. 그런데도 미래 시장을 연구개발 영역으로 끌고 올 창의성을 발휘할 수 있다면, 얼마든지 투자자와 산업계가 주목하는 혁신을 창출해낼 수 있음을 뉴랩의 스타트업이 보여주고 있었다.

한편 뉴욕의 뉴랩에서 북쪽으로 약 300킬로미터 떨어진 보스턴에는 첨단 바이오·의료 혁신 클러스터가 자리하고 있다. 바이오·의료 기술도 연구실을 벗어나기 어려운 영역이었으나, 보스턴의 혁신적 창업가들은 미래 성장 동력을 찾으려는 기업의 요구를 연구 현장으로 끌고 오는 데 성공했다. 이런 노력 덕분에 역사와 전통의 도시

(위) 뉴욕 네이비야드, 1944년. 가운데 미주리호가 정박해 있다.
(아래) 뉴욕 네이비야드를 개조해 만든 뉴랩, 2017년.

(위: Naval History and Heritage Command; 아래: dianaconnolly101)

보스턴은 샌프란시스코, 샌디에이고를 추월하며 세계 최대의 바이오·의료 혁신 도시로 거듭났다.

수소 기술과 첨단 바이오·의료 기술은 한국 정부가 2022년 10월 선정한 12대 국가전략기술로서, 다른 기술들과 함께 집중적으로 육성되고 있다. 이 국가전략기술들의 목록은 미국과 중국의 기술 패권 경쟁으로 글로벌 공급망이 재편되는 상황을 반영한 결과다. 안정적 공급망 확보와 하락 일변도의 경제 성장률을 끌어올릴 신산업 육성은 물론, 국가 외교·안보 관점까지 종합적으로 고려했다. 이와 함께 국가전략기술 육성에 관한 특별법을 제정하고, 컨트롤타워를 정비하는 등 전략기술을 안정적으로 지원할 수 있는 제도적 기반도 마련했다.

뉴욕의 뉴랩과 보스턴 바이오 클러스터의 성공 요인은 미래 시장을 연구개발 영역에 접목해 혁신을 선도하는 시장 메커니즘이다. 이를 통해 우수 인재들에게 강력한 동기를 부여하는 혁신 생태계를 만들 수 있다. 과거와는 달리 요즘 우수 인재들은 단순한 보상이나 지위에 움직이지 않고, 그들의 가슴을 뛰게 하는 일이 있는 곳으로 모이기 때문이다.

아직 열리지 않은 미래 시장을 끌어와 연구에 접목함으로써 전 세계의 인재들이 몰려와 경쟁하고, 그들이 만든 최고의 기술이 선택되는 혁신 생태계가 바로 한국이 추구할 글로벌 스탠더드다. 글로벌 스탠더드가 뿌리내린 연구 현장을 구현하기 위한 출발점은 인재다. 미래를 결정하는 열쇠가 과학기술이라면, 그 중심에는 과학자들이 있다.

정부는 연구 현장의 목소리를 반영해 과거 연구기관들의 인재 채용에 걸림돌이었던 일률적인 블라인드 채용 방식을 폐지했고, 기업들의 발목을 잡아 세계적 수준의 연구를 방해하는 '샌드박스'를 과감하게 제거했다. 이제 필요한 것은 인재들이 마음껏 연구하고, 창의력을 바탕으로 미래 시장을 연구 현장으로 끌어올 수 있는 터전을 제공하는 것이다. 바로 이것이 정부 출연 연구기관들이 이 시대에 부여받은 시대적 사명이라 생각한다.

2020년 KIST의 연구실 창업은 일곱 개로, 예년보다 대폭 늘었다. 여러 창업 지원책이 효과를 낸 것으로 보인다. 국내 일반 창업의 5년 생존율은 30퍼센트. 하지만 과학기술 분야 정부 출연 연구기관과 대학이 보유한 기술을 직접 사업화하기 위해 자본금의 10퍼센트 이상을 출자해 특구 안에 설립하는 '연구소 기업'의 5년 차 생존율은 2019년 기준 75퍼센트에 달한다. 평균 매출액 역시 일반 창업의 여덟 배, 일자리 창출도 일곱 배 이상이다. 실

로 오랜만에 회복세로 돌아서고 있는 혁신 기술 창업의
기운을 보다 혁명적인 변화로 이끌 수 있는 창업 생태계
운하 건설이 절실한 때다.

K-R&D 3.0을 향한 도전

수용의 1.0과 추격의 2.0을 넘어

한글은 이론의 여지 없는 한민족 최고의 발명품이다. 단 스물네 개의 기본 자모음만으로 조합할 수 있는 글자가 무수히 많다. 혀의 위치, 입술 모양을 과학적으로 분석해 말소리와 글자가 일치하도록 한 문자라서 가능한 일이다.

이런 한글이 2009년 인도네시아의 한 부족에게 전해졌다. 고유 문자가 없던 이들은 이제 한글로 자신들의 부족어를 읽고 쓰게 되었다. 인구 7만여 명의 작은 부족에게 전해진 한글은, 규모만 놓고 보면 드라마, 음악, 영화, 웹툰까지 전 세계 수십억 명이 주시하는 K-콘텐츠에 비해 미미해 보일지 모른다. 하지만 가장 귀하고 가치 있는 한류의 시작이었다.

'K-'는 이제 한국만의 국지적 현상을 뜻하는 접두사가 아니다. 세계인이 즐기고 공유하는 독창성을 의미한다. 그렇다면 이제는 한국의 연구개발도 세계 중심 국가로의 성장을 상징하는 'K-' 물결에 합류할 때라 말할 수 있지 않을까.

그간 한국의 연구개발은 국외는 물론, 국내에서도 모방과 재현에 치중한다는 인식이 지배적이었다. 그도 그럴 것이, 한국의 과학기술 근대화는 미국을 비롯한 선진국의 과학기술과 이를 둘러싼 제도 등을 국내에 도입하면서 이루어졌기 때문이다. 그 과정에서 KIST는 선진국과 한국을 연결하는 변압기 역할을 해왔다. 이는 1966년 KIST 설립 당시 한미 양국 대통령의 공동성명에 잘 담겨 있다.

> 한국 경제와 국민에게 응용과학과 기술의 혜택을 가져오게 하는 새로운 기관을 창설하는 데 있어 협조하기로 한 양국 대통령의 1965년 5월의 합의 사항을 상기하면서 양 대통령은 한국에 있어 생활과 공업의 현대화에 대하여 기초적이며 중대한 공헌을 할 것이 분명한 한국과학기술연구소를 장차 설립하려는 힘찬 진

전에 대하여 만족히 생각하였다.[*]

돌이켜보면, 그렇다고 선진국의 발전 경로를 무조건 답습한 것도 아니었다. 한국의 현실에 맞게 개선하고 응용하며 새로운 길을 개척해왔다. 베트남이 KIST를 모델로 V-KIST를 설립해 한국의 경험을 배우려는 것도 이 때문이다. 한국의 선배와 동료 연구자들은 어려운 여건 속에서도 'K-R&D 1.0'의 완성을 위해 고군분투했다.

정답 없는 반복과 실패의 두려움을 딛고

개척이란 길 없는 바다 위를 떠돌고 한곳에서 맴돌며 암중모색한 끝에 돌파구를 찾는 지난한 과정에 가까울지 모른다. 2000년대 내가 속해 있던 박막재료연구센터는 휴대전화 카메라 모듈에 필요한 초소형 선형 모터에 도전하고 있었다. 당시 카메라를 내장한 휴대전화가 출시되어 큰 인기를 끈 데다, 점차 카메라 없는 휴대전화를 상상하기 어려울 만큼 보편화하고 있었다. 다만 휴대전화 안에 카메라를 내장하기 위해서는 렌즈의 줌 기능을 가능케 하는 자동 조절 장치까지 갖춰야 했고, 그

---

[*]   KIST, 『키스트 50년사』, 2016, p. 43.

러려면 동력을 내는 모터를 휴대전화 안에 담아야 했다. 여기서 우리 팀은 이 모터를 회전운동 대신 직선운동을 하는 것으로 장착하고자 했다. 그러나 회전운동을 직선운동으로 바꾸는 기계장치를 모터에 결합하는 기존 방식은 소형화를 이루기에 한계가 분명했다. 밤샘 연구에도 원하는 결과를 얻을 수 없었다.

핵심은 별도의 기계장치 없이 직선운동을 만들 방법이었다. 나는 급가속과 급감속을 반복하는 퇴근길 버스에서 실마리를 얻었다. 가습기에 쓰이는 초음파 진동자를 이용하는 것이었다. 초음파 진동자의 전압을 천천히 높이면, 진동자는 맞닿은 막대를 천천히 앞으로 민다. 그러다 전압을 갑자기 떨어뜨리면 진동자는 빠르게 원래 자리로 돌아오지만, 막대는 관성 때문에 제자리를 유지한다. 마치 찻잔 밑에 깔린 신문을 천천히 끌어당기면 찻잔이 덩달아 딸려 오지만, 빠르게 잡아끌면 찻잔이 그 자리에 그대로 있는 것과 같은 원리다. 이 작은 움직임을 반복하여 직선운동을 만들 수 있을 것 같았다. 바로 연구실로 돌아왔다. 일반적으로 진동자에 연결하던 물결 모양의 전압을 톱니 형태로 변형했다. 대성공이었다.

20년 전 혁신적 제안과 성공의 짜릿함을 아직 기억한다. 연구개발 현장의 많은 연구자는 기존 한계를 돌파할 수 있을 듯한 아이디어에 전율을 느끼며 도전에 나서고 싶어 한다. 도전에 나서면 성공을 열망하며 사력을 다한다. 참된 연구자의 본성이다.

하지만 익숙한 방식을 버리고 새로운 도전에 나설 때의 두려움은 강산이 두 번 바뀔 만큼의 세월이 흘렀음에도 생생하다. 기존 기술을 개선하는 연구는 일말의 성공이라도 담보할 수 있기에 실패 위험을 최소화할 수 있지만, 새로운 방법은 완전히 실패로 이어질 수도 있다. 무엇보다 이 실패가 동료 연구자에게도 피해를 줄 수 있다는 사실이 두려웠다. 연구자에게 평가와 평판은 단순히 체면의 문제가 아니라 연구 수행을 위한 핵심 자산이다. 학문적 상호 신뢰와 직간접적 협력은 연구 활동의 근간이기 때문이다. 그래서 새로운 도전에 대한 두려움은 연구자를 약하게 만든다.

설령 그렇다 해도, 연구자들은 새로운 성장 동력과 양질의 일자리를 만들어낼 수 있다면 정답 없는 반복과 실패의 두려움마저 끝내 감수하는 사람들이다. 불이 꺼지지 않는 연구소는 대한민국의 일원임을 자랑스러워하는 이들로 가득하다. 모든 일상을 연구 활동으로 만들던 이들의 노력으로써 선진국을 부지런히 좇아 선진 역량을 제 것으로 받아들인 K-R&D 1.0, 받아들인 선진 역량을 기반으로 새로운 원천 기술을 개발한 K-R&D 2.0 단계를 거쳐 한국은 여기까지 왔다. 그 덕분에 좁은 국토와 빈한한 자원에도 한국은 세계 10위권의 경제 대국에 올라설 수 있었다.

선도의 3.0을 향한 항해

그렇다면 이제는 'K-R&D 3.0'의 새로운 대항해를 준비할 때다. 과거의 추격형 연구를 뒤로한 채, 선도형 연구의 신대륙으로 향해야 한다. 한국의 연구개발 투자 비중은 세계 최고 수준이지만 여전히 미국의 6분의 1, 중국의 5분의 1에 불과하다. 이런 구조적 한계를 극복하려면 세계의 권력 지도를 뒤바꾼 신항로 개척 시대처럼, 한국 기업이 평판 디스플레이FPD 혁신 기술로 일본 기업 소니의 아성을 무너뜨린 것처럼, 기술 혁신 기반의 창조적 파괴에 힘써야 한다.

산업 경쟁력 유지를 위한 연구는 이제 과감히 민간에 맡기고, 공공 부문은 더 크고 미래 지향적인 연구개발에 나서야 한다. 특히 미세먼지, 기후변화, 팬데믹 등의 위기 요소로부터 국민의 안전과 삶의 질을 지키는 빅사이언스가 필요하다. D·N·A(디지털·네트워크·인공지능) 기반의 자율 실험실처럼, 공격적 디지털 전환으로 연구 효율도 높여야 한다.

1497년 11월 22일, 바스쿠 다가마 선단은 희망봉을 넘어 인도로 향하는 항로를 개척해냈다. 콜럼버스가 신대륙을 발견하고 5년 뒤였다. 연안을 따라가면 될 듯한 인도 항로 개척이 대서양을 횡단하는 신대륙 발견보다 늦은 것이다. 당시 범선이 아프리카 연안을 따라 남쪽으로 항해하는 것은 사실상 불가능했다. 남동쪽에서 불어오는 무역풍에 맞서야 했을뿐더러 북쪽으로 올라오는 해류도 거슬러야 했기 때문이다. 그러나 바스쿠 다가마는 과감하게 연안 항로를 벗어나 망망대해로 나아갔다. 대서양 한가운데까지 돌아가서 뱃머리를 다시 희망봉으로 향하며 결국 신항로를 개척했다. 기술 발전도 이와 비슷하다 할 만하다.

접두사 'K'는 K-팝, K-방역에서 알 수 있듯 세계가 주목하고 부러워하는 최고 수준을 의미한다. 과학기술의 한류, K-R&D는 단순한 양적 성장과 생산성 극대화로 이룰 수 없다. 국가와 국민 그리고 이 시대가 과학기술계에 거는 기대와 희망을 깊이 깨닫고 용기 있게 나서야 가능하다. 그렇기에 실패를 두려워하지 않고 대담한 도전에 나서는 연구개발 문화 정착은 K-R&D를 향한 첫걸음이 될 것이다.

이 새로운 패러다임의 첫 퍼즐은 도전과 실패를 두려워하지 않도록 하는 제도적 지원, 마지막 조각은 자율적이고 자기 주도적인 연구 문화의 정착이 될 것이다. "알은 하나의 세계다. 태어나고자 하는 자는 우선 그 세계를 파괴해야 한다." 소설 『데미안』의 유명한 문장처럼 한국의 공공 연구개발은 이제 과거의 성공 방정식을 파괴하고 다시 태어나야 한다.

'K-R&D 3.0'은 대한민국을 더 이상 변수가 아닌 세계사의 상수로 발전시킬 가장 강력한 지렛대가 될 것이다.

더 많이 이기기 위한
다양한 목표

1988년은 '변곡점'이라는 단어가 잘 어울린다. 개인적으로는 평생직장인 KIST에 입사해 학생 신분에서 벗어나 프로 연구자로서 삶을 시작했고, 한국은 88 서울올림픽을 개최하며 극동의 작은 나라에서 세계 중심 국가로 발돋움하고 있었다. 그로부터 35년이 지났다.

연구자는 해당 분야의 기술 수준을 높이기 위해 연구에 몰두한다. 내가 속해 있었던 1990년대 세라믹 연구 그룹도 소재의 성능 향상에 집중했다. 오늘은 우리 그룹이 최고 위치에 올랐지만, 다음 날 다른 팀이 우리를 앞질렀다. 붉은 여왕의 덫에 걸린 듯, 안간힘을 써서 달려야 제자리에 머물 수 있었다.

더구나 소중한 세금으로 운영되는 정부 출연 연구기관

의 연구원으로서, 연구를 위한 연구보다는 확실한 가치 창출이 선택 아닌 필수였다. 물론 '무엇을 위한 연구인가'라는 질문에 논문과 특허만이 명쾌한 답은 아니다. 또한 성능을 백 배, 만 배 향상하는 기술을 개발한다면 예상하지 못할 가치를 창출할 수도 있겠지만, 공을 가장 빠르게 멀리 차거나 화살을 가장 멀리 쏜다고 해서 축구와 양궁 종목에서 금메달을 딸 수는 없지 않은가? 무한 경쟁 쳇바퀴에서 벗어나 경쟁력을 갖출 수 있는 연구의 목표 전환이 필요했다.

당시 나는 약간의 특성 보완을 한다면, 박막재료연구센터에서 확보한 세라믹 소재 기술이 다양한 전자제품 소자素子의 원천 기술이 될 수 있다는 가능성에 주목하고 있었다. 일본에 의존하던 초음파 가습기 진동자를 국산으로 대체하는 것부터 시작해, 세계 일류 제품 경쟁력을 확보하면서 초소형 휴대전화 소자를 개발하는 연구로 발전시켜나갔다.

이는 세라믹을 전공하지 않은 내게 맞춤형 경쟁 전략이었다. 전기공학을 전공했다는 약점은 융합과 협력을 통해 오히려 새로운 길을 찾는 눈이 되어주었다. 국가 산업 발전에 이바지할 수 있었고, 세계적인 연구 경쟁력도 갖출 수 있었다. 매력적인 가치를 창출하는 우리 연구 팀

만의 블루오션을 만들어냈다.

모든 이가 같은 결승점을 향해 달린다면 승자는 오직 한 명일 뿐이다. 하지만 각자 다양하면서도 의미 있는 결승점을 추구한다면, 그만큼 승자가 나올 가능성이 생긴다. 새내기 연구자 시절에 체득한 이 원칙은, KIST에서 가장 많은 연구 실적을 올린 연구 책임자 축에 들 만큼 성장하는 밑거름이 되었다.

한국의 미래를 만들어갈 다음 세대가 치열한 입시를 지나고도 취업 전쟁에 나서야만 하는 모습이 너무도 안쓰럽다. 겨우 취업 전쟁을 끝내고 나면 불확실성 가득한 생존경쟁이 기다린다. 대기업과 공무원 시험에 수십, 수백 대 1로 유능한 인재가 몰린다. 당연해 보일 수 있지만, 밝은 미래를 담보하는 균형 잡힌 오늘은 아닐 것이다.

변화의 시작은 목표가 이처럼 천편일률적인 줄 세우기 식이 아닌 다양한 가치를 추가하는 목표 설정에서 시작해야 한다. 더 많은 이가 승리하는 활기찬 한국으로 가는 길이기 때문이다.

인터뷰 　　　　　　　 남기태
　　　　　　　　　　　 서울대 재료공학부 교수

우리나라 과학기술의
강점은 사람이다

남기태 서울대학교 재료공학부 교수는 이산화탄소 포집·활용·저장CCUS 기술, 촉매 기술 등 우리 사회의 지속 가능한 발전을 위한 기술을 개발하는 과학자이다. 2017년 젊은과학자상(대통령상), 2022년 포스코 청암과학상, 2023년 과학기술 포장을 수상하였다. 2022년 대통령직 인수위원으로 과학기술 연구개발 전략 및 정책 수립에 기여했고, 지금은 국가과학기술자문회의 민간 위원으로 활동 중이다.

　　교수님이 보는, 한국 과학기술계가 마주한 가장 큰 난점은 무엇인지요?

지금까지 우리나라의 과학기술은 양궁이나 높이뛰기처럼 더 정확하게, 더 높이 원하는 목표를 달성하는 방향으로 발전해왔습니다. 그러나 앞으로는 축구나 야구 등 팀 스포츠에서 요구되는 전략과 협업 능력을 발휘해야 합니다. 물론 그동안 여러 분야에서 많은 성과를 이룬 것은 사실입니다. 30조 원의 연구개발 자금을 통해 우리나라의 기초 체력이 강화되었습니다. 그렇다면 이제는 선택과 집중을 통해 특정 근육도 강화해야 하는 시기입니다.

상황은 쉽지 않습니다. 세계적인 패권 경쟁이 치열하고, 내부적으로는 인구 감소로 인해 연구 인력 감소도 예상됩니다. 더구나 제조업 중심의 산업구조 특성상, 2030년 NDC 목표(이산화탄소 40퍼센트 감축) 달성은커녕 2050년 탄소중립 달성마저 요원해 보이는 것이 사실입니다. 이때 정부의 과학기술 정책은 혁신기술 탄생의 플랫폼을 어떻게 만들지에 집중해야 합니다. 전력, 에너지, 교통, 통신 등 우리나라의 주요 국가 기간망 대부분은 정부가 주도한 구축 사업을 마중물 삼아 민간 참여가 활발해지며 빠르게 완성되었습니다. 물론 세부적인 기술 개발이 목표이지만, 더 넓게는 지속 가능한 플랫폼 기반 생태계가 만들어져야 합니다.

생태계의 핵심은 다양성과 지속 가능성입니다. 하지만 아직은 개선의 여지가 많습니다. 과학기술 분야의 다양성이 낮은 반면, 분야별로 교류와 융합을 막는 장벽은 매우 높습니다. 벽을 허무는 것이 기존 분야의 다양성을 무너뜨리는 것이 아니라, 서로의 발전을 이끄는 것은 물론 새로운 학문을 탄생시킬 수 있다는 공감대가 필요합니다. 또 하나, 과학기술 정책은 예측 가능한 연속성을 가져야 한다는 점입니다. 국가 정책에는 철학이 반영되어야 하고, 세금이 투입되는 만큼 연구개발 자금의 공공성도 중요합니다. 이런 변수들과 함께 과연 우리나라 과학기술의 장기적 비전이 무엇이고, 영속적으로 추구할 상수가 무엇인지를 함께 정의할 필요가 있습니다.

탄소중립이나 인공지능 등 미래 과학기술의 주도권을 놓고 국가 간 각축전이 벌어지고 있는데, 한국 과학기술의 경쟁력은 어디에 있다고 보십니까?

기술 패권을 놓고 치열한 각축전이 벌어지는 상황에서, 우리나라의 과학기술 발전 전략을 재정립할 필요가 있습니다. 최근 들어 미국과 중국은 핵심 기술의 내재화 정책을 펴기 시작했습니다. 이들은 자국 중심의 기술 생태계를 구축하는 것은 물론, 지금은 향후 중요성이 거질 것으로 예상되는 기초과학까지 확대해 내재화를 꾀하고 있습니다. 미국과 소련의 냉전 시대에도 핵심 군사기술을 보호하기 위한 정책과 치열한 경쟁이 있었지만, 기초과학 분야에서는 여전히 교류와 공유라는 가치를 유지했던 것과는 크게 변화된 상황입니다. 과거에는 새로운 과학기술적 발견이 산업화되기까지 10~20여 년이 걸렸다면, 지금은 그 기간이 굉장히 짧아졌기 때문입니다. 그야말로 세계적으로 경쟁이 치열하고, 절박한 상황 변화에 따라 국가별 전략이 정교해지고 있습니다. 이런 시점에서 우리나라 현재의 과학기술 경쟁력을 파악하는 것이 필요합니다. 왜냐하면 그 경쟁력이 바로 우리를 지키는 방패이자, 우리가 다른 나라와 협력 관계를 만들어갈 통로이기 때문입니다.

우리나라 과학기술의 강점은 바로 사람입니다. 특정 기술과 지식을 가진 연구자들이 많다는 것도 물론 중요한 요소일 수 있습니다. 우리나라의 진정한 강점은 과학기술 각 분야에서 크고 작은 성공을 경험한 연구자들이 산업체, 학교, 연구소에 있다는 것입니다. 세계적으로 이렇게 짧은 기간에 과학기술적 발전을 한 유례를 찾을 수 없습니다. 세계 최고의 기술은 수년이 지나면 또 다른 기술로 대체될 수밖에 없습니다. 하지만 최고 기술을 개발하고, 최초의 과학을 발견한 연구자들은 그 성공을 기반으로 또 다른 업적을 만들어 갈 수 있습니다. 우리나라에는 성공의 DNA를 가진 연구자들이 곳곳에 있고, 그들이 길러내는 사람들이 있습니다. 미국 등 다른 나라들이 우리나라와 협력하려는 이유도 그 때문입니다. 최근 한미 정상회담과 한미일 정상회담에서 핵심 기술 협력 이면의 핵심 의제가 바로 인적 교류입니다. 우리나라 성공 DNA의 핵심은 과학기술을 기반으로 '만들고' 공산품을 '제조'했다는 것입니다. 새로운 기술과 아이디어가 가장 잘 구현되는 나라가 바로 우리나라입니다.

4부

빅사이언스,
과학의 공공성

과학자에게는
국적이 있다

　　　　새해는 언제나 국립대전현충원 참배로 시작했다. 서울 동작동이 아니라 대전을 찾은 것은, 과학입국科學立國의 초심이 그곳에 묻혀 있기 때문이다.

　　KIST 초대 소장 고故 최형섭 박사는 연구소 설립 당시 해외의 한국인 연구자 8백 명에게 초대장을 보냈다. 국내 교수의 두세 배, 심지어 대통령보다 많은 급여를 제시했다지만 선진국의 절반에도 못 미쳤다. 그런데도 5백 명이 넘는 이들이 고국의 부름에 응답했다. 그중 산업 발전에 가장 도움이 될 연구 계획서를 제출한 18인의 과학자가 선정되었다. 국가가 힘닿는 대로 지원했지만, 척박한 연구 환경은 쉽게 개선되기 힘들었다. 그럼에도 다시 돌아간 이는 없었다.

KIST에는 흰 꽃이 쌀밥처럼 보였다는 이팝나무가 곳곳에 심겨 있다. 과학기술로 가난한 국민의 배를 채우고자 했던 선배 연구자의 염원을 담았다고 한다. 그들의 순수한 결의와 헌신에 가슴이 뜨거워진다. 개인보다 나라를 먼저 걱정하는 과학기술 문화는 선배 연구자들의 자부심이었다. 나 역시 그 구심력 안에서 30년 넘게 한눈팔지 않을 수 있었다. 2014년 국가과학기술연구회 초대 융합연구본부장에 지원한 것 역시 같은 맥락에서였다.

미국 하버드 대학교 경영대학원 마이클 포터 교수의 국가 경쟁력 이론에 따르면, 한국은 생산 요소와 투자가 이끄는 요소 주도 성장 단계를 지나 혁신 주도innovation-driven의 단계로 고도화하고 있었다. 한편 2014년 국가 전체 연구개발비 63.7조 원 가운데 민간(기업) 사용 비율이 78.2퍼센트를 차지하면서, 공공 연구개발의 역할 재정립이 불가피해지기도 했다.* 국가과학기술연구회는 국가 현안 해결을 위한 중·장기적 융합 연구에 주목했다. 압축 성장 과정에서 발생한 문제들이 사회비용을 가중시키며 나라의 발전을 저해하고 있었다. 나는 그 시기 한국에 꼭 필요한 공공 연구개발이 무엇인지 치열하게 고민했다.

---

* 한국과학기술기획평가원, 「2014년도 연구개발활동조사보고서」, 2015, p. 8.

KIST의 초창기 연구원, 1970년.

(사진: KIST)

첫 도전 대상은 도심에 큰 위협으로 떠오른 싱크홀이었다. 싱크홀은 언제 어디에서 발생할지 예측하기 어렵다는 점이 특히 국민을 더 불안에 떨게 했다. 사회문제 해결을 위한 연구는 투자만큼 보상이 따르지 않아, 정부 출연 연구기관이 아닌 이상 감당하기 어렵다. 전자통신연구원, 건설기술연구원, 철도기술연구원, 지질자원연구원의 연구자들이 의기투합해 수행한 3년의 융합 연구는 IoT를 활용해 싱크홀을 사전 예측할 수 있는 시스템을 만들었다.* 이 시스템은 도시 지하 공간의 매설물 상태, 지반 변형 등의 상황 정보를 실시간으로 수집해 이상 징후를 사전 감지함으로써 싱크홀을 예방하는 데 역점을 두었다. 그 외에도 융합연구단과 정부 출연 연구기관은 여전히 치매, 초연결 인공지능, 신종 바이러스처럼 국민의 삶의 질과 국가 안보에 직결되는 현안 대응에 몰두하고 있다.

최형섭 박사는 "과학에는 국경이 없지만 과학자에게는 국적이 있다"라는 프랑스 과학자 루이 파스퇴르의 명언을 자주 인용했다. 저온살균법의 창시자이자 백신의 아버지 파스퇴르는 자녀의 죽음과 뇌졸중 투병 속에서도

---

* 전종암 외, 「사물인터넷(IoT) 기반 도시 지하매설물 모니터링 및 관리시스템 기술」, 『전자통신동향분석』 30, 2015, pp. 28~38.

누에 병 바이러스 연구로 모국 프랑스의 양잠업을 구했다. 프로이센이 프랑스를 침공했을 때에는 쉰에 가까운 나이에도 군대에 자원했고, 독일 본 대학교에 명예박사 학위를 반납할 만큼 애국심이 강했다.

국가의 지원과 과학기술인의 애국심은 근원이 같아, 무엇이 원인이고 결과인지 분리하기 힘들다. 둘 모두 원인이자 결과일 것이다. 선배 과학자들의 정신은 문화 유전자, 밈meme(문화 전달에 유전자 같은 중간 매개물 역할을 하는 정보의 형식)으로 여전히 후배들의 가슴에 면면히 이어지고 있다.

과학의 달, 4월 말부터 꽃이 피는 이팝나무를 보며 과학자들에게 국적이란 어떤 의미인지를 다시 한번 되새겨 본다.

과감한 프로젝트에서
원대한 목표로

　　일본 정부가 후쿠시마 제1원자력발전소에 보관 중인 방사성 물질 오염수를 방류하기 시작했다. 130만 톤이 넘는 오염수를 30여 년에 걸쳐 태평양에 버린다는 계획이다. 다핵종 제거 설비ALPS를 통해 방사성 물질을 기준치 이하로 낮추는 한편, 제거가 힘든 삼중수소는 물에 희석해 방출한다. 이외에는 더 이상 마땅한 해결책이 없다는 일본 정부의 처지가 딱하다.

　　다행스럽게도, 일단 과학자 다수는 일본에서 방류하는 오염수가 한반도 인근 바다를 포함한 태평양 방사능 오염에 미치는 영향이 미미할 것이라 본다. 하지만 일본 시민뿐만 아니라 한국 시민의 3분의 2 이상이 불안을 느끼는 상황이니, 앞으로도 철저한 모니터링이 불가피해 보인다.

내륙의 물 사정도 심상치 않다. '물 쓰듯 한다'라는 속담은 이제 옛말이다. 한국은 1인당 이용 가능한 수자원량이 2015년 기준 1,488세제곱미터에 불과한 데다 하천 취수율도 36퍼센트로 낮은 '물 스트레스' 국가다.* 더구나 지구 가열과 기상 이변으로 수자원 사정은 더욱 악화하고 있다. 오랜 가뭄으로 반도체 세정 작업에 쓰일 물조차 부족해, 생산 중단까지 걱정해야 하는 대만의 형편이 남일 같지 않다.

KIST는 기상이변과 물 위기의 해답을 '인공강우'에서 찾고 있다. 응결핵 역할을 하는 구름씨(주로 요오드화은이나 드라이아이스 등이 쓰인다)를 뿌리는 구름씨뿌리기로 비를 유도하는 인공강우는 미국과 중국, 러시아, 아랍에미리트, 일본 등지에서 시도되고 있는데, KIST에서는 인공강우의 재료인 구름에 주목해 연구를 수행 중이다. 특히 구름을 인공적으로 생성할 수 있다면 보다 정밀한 과학 연구가 가능해지는 만큼, 이를 위한 구름 챔버의 구축을 목표로 하고 있다. 인공지능, 빅데이터, 신소재 과학, 계산과학기술 등을 융합해 원천 기술을 확보함으로

* 환경부·K-water, 「물과 미래—2020 세계 물의 날 자료집」, 2020, p. 15.

써, 수자원을 안정적으로 확보할 뿐만 아니라 더 이상 홍수, 가뭄, 폭설 같은 기상이변에 인명·재산 피해를 입지 않는 안전한 미래를 꿈꿀 수 있을 것이다.

지금 우리가 가진 기술로는 불가능한 연구처럼 보일 수 있다. 그러나 허황되다 무시받아온 룬샷Loon shots 아이디어가 우주신을 딜에 보내고 스마트폰과 인터넷, GPS를 현대 문명의 근간으로 만든 문샷Moon shots 프로젝트의 씨앗이 되었다. 한국은 2021년 2월 블룸버그가 발표한 '블룸버그 혁신지수'에서 90.49점을 받아 세계 1위로 평가받았다. 연구개발에 대한 국가의 적극적이고 지속적인 지원이 큰 역할을 했다. 하지만 작은 성공에 안주해서는 안 된다. 끊임없이 과학기술계의 목소리를 경청하며 국가 연구개발에 대한 국정 철학과 의지를 계속 업그레이드해야 한다.

정부 출연 연구기관을 포함한 공공 연구 부문이 미지의 영역을 개척하며 인류의 지평을 넓히는 빅사이언스에 주목해야 하는 이유도 여기에 있다. 원대한 목표Moon shot에 도달하기 위해서는 비현실적으로 보일 만큼 과감한 프로젝트Loon shot를 추진할 필요가 있다.

이제 한 차원 더 높은 단계의 국가 연구개발을 생각해야 할 시기다. 더 이상 과거의 성공 방정식으로는 새로운

인공강우 및 소산 기술
Artificial Rainfall

안개, 구름, 강수 등을
인위적으로 생성/소산시키는
맞춤형 기상 조절 기술을
통해, 기후변화로 인한 재해에
능동적으로 대응.

해수 담수화 기술
Seawater Desalination

바닷물로부터 염분을 포함한 용해 물질을 제거하여
순도 높은 음용수, 생활용수, 공업용수 등을 확보.

인공 함양 기술
Artificial Recharge

담수화된 물을 일시적으로 지하수로 저장하여
물 부족 시기에 효과적으로 이용.

인공강우의 개본 개념도.

시대로의 이행을 기대하기 어렵다. "고대의 대장간에서 중세의 대장장이가 현대의 발전기를 만들 수 없다"라는 말이 있다. 이 말은 언제나 변하지 않는 진리다. 당장 눈앞에 보이는 성과가 없을지라도 장기간에 걸쳐 끈기 있게 매달릴 수 있는 도전과 희망의 빅사이언스를 고민할 때다.

사회문제를 푸는
과학기술 협력의 힘

융합과 협력이 만드는 과학기술

2023년 5월, 드디어 코로나19 팬데믹 종식이 선언되었다. 3년 4개월 만이다. 팬데믹 기간을 돌이켜보면, 막대한 피해와 혼란 속에서도 감염병 대응이 역사상 유례없는 신속한 속도로 이루어졌다. 통상 10년 이상 걸리는 백신 개발이 1년도 채 안 되어 완료된 것은 결정적인 성과다.

백신 개발이 초단기에 가능했던 이유를 살펴보면 과학기술 협력의 중요성이 여실히 드러난다. 단적인 예로 모더나가 있다. 20년 넘게 mRNA 백신 플랫폼 기술을 축적해온 모더나는 과학자 커뮤니티가 공개한 바이러스 유전자 지도를 활용해 단 이틀 만에 백신 설계도를 만들어냈다. 이때 정부의 전폭적 지원도 큰 역할을 했다.

'워프 스피드 작전Operation Warp Speed'으로 명명된 미국 정부의 백신 개발 계획은 20억 달러 이상의 예산을 집중해 1억 회분의 접종 분량을 선구매 계약하는 조건으로 모더나에 힘을 실어주었다. 소셜미디어 등을 통해 임상 참가자를 발 빠르게 모집하고 임상 데이디를 원격으로 수집·분석해냈던 것도, '메디데이터'라는 전문 IT 기업과의 협력이 있었기에 가능했다.

그 외에도 감염 경로 추적, 실시간 진단 기술, 접종 경과 분석 등 팬데믹 위기 극복을 위한 다양한 기술들이 동시다발적으로 빠르게 등장하고 발전했다. 그 바탕에는 전 세계 연구자 간의 자유로운 정보 교류, 특히 분야를 뛰어넘는 융합과 협력이 작동했다. 마이크로소프트MS의 공동 창업자 폴 앨런이 2014년 설립한 '앨런 인공지능 연구소'의 활약도 인상적이었다.

앨런 인공지능 연구소는 인공지능 기반의 데이터 마이닝 기술을 접목해 코로나19 관련 연구 정보 및 데이터를 검색 서비스 형태로 전 세계에 공개해왔다. 각국 정부뿐 아니라 출판사, 언론계, 연구 재단 등이 이러한 데이터 공유에 동참한 결과, 코로나19 연구에 필요한 거의 모든 정보에 누구나 실시간으로 접근할 수 있었다.

그러나 팬데믹 종식을 기뻐할 틈도 없이, 우리 앞에는 또 다른 중대하고 시급한 도전 과제들이 산적해 있다. 점차 현실화하는 기후 재난, '지구 가열'이라는 표현이 낯설지 않을 만큼 지구의 평균기온 상승을 부추기는 이산화탄소의 주요 배출원인 낡은 에너지 생산 시스템, 지속되는 수자원·식량 자원 확보 문제 등, 전 지구적 차원에서 해결해야 할 글로벌 어젠다가 그것이다.

해답은 어디에 있을까? 백신 개발 사례처럼 규모가 큰 문제일수록, 다양한 각도에서 솔루션을 제안하고 검증할 수 있는 과학기술계 내의 협업 체계가 단초일 수 있다. 이를 위해 분야의 경계를 허무는 지식의 공유, 조직·기관의 장벽을 뛰어넘는 정보의 흐름이 뒷받침되어야 한다.

3차원 과학기술 협력

여기서 우리는 국가 과학기술의 한 축인 정부 출연 연구기관의 책무를 다시금 상기하게 된다. KIST를 포함해 국가과학기술연구회 산하 25개 정부 출연 연구기관은 국가와 사회에 이바지하기 위한 고유의 '역할과 책임 R&R'을 담당하고 있다. 특히 기업이나 대학이 뛰어들기 어려운 국가적 난제 해결에 집중하는 임무 지향적 연구는 정부 출연 연구기관만의 확실한 차별점이다.

거대하고 복잡한 문제를 해결해야 한다는 점에서 임무 지향적 연구는 고차원적 협력을 필요로 한다. 앞으로 정부 출연 연구기관에는 각 분야에서 수월성 연구를 수행하는 것은 물론, 다양한 연구 주체들 간에 복잡한 융합과 협력을 조직하고 조율하는 능력이 핵심 역량으로 부상할 것이다. 그렇다면 미래 정부 출연 연구기관에 요구되는 협력의 조건은 무엇일까?

여기에는 3차원 과학기술 협력이 필요하다. 첫째, 아이디어 생산 단계에서 연구자 간 협력을 촉진해야 한다. 즉 개인 연구자가 긴밀하고 유기적으로 협업해 집단 지성을 발휘하는 팀 사이언스가 필요하다. 단순한 금전적 지원은 연구자 간 예산 나눠 먹기 등, 형식적이고 분절적인 협력에 그치기 쉽다. 이제는 실효성 있는 융합과 협력을 위한 제도 보완에 힘을 쏟을 때다.

핵심은, 협력 연구가 개인의 성장에 걸림돌이 아닌 촉매제로 작용할 수 있도록 하는 것이다. KIST는 K-Lab 프로그램을 통해 집단 단위의 수월성 그룹 성장을 지원하고 있다. 이 프로그램은 3~10인 내외의 연구자들이 자발적으로 결성한 팀 가운데서 유망 집단을 선정해, 세계적 수준의 연구 팀으로 성숙하는 단계에 이르기까지 공동의 목표 달성에 필요한 맞춤형 지원을 제공한다. 특히 연구 성숙도와 기술 발전 가능성을 고려해, K-Lab과 K-Lab 후보라는 두 가지 트랙을 두어 각 단계에 알맞게 지원한다는 점이 이 프로그램의 특성이다.

유기적으로 연결된 연구 팀 내에서 연구자도 안정적인 환경하에 창의적인 연구에 전념할 수 있다. 2021년에는 각기 두 팀, 여섯 팀을 선발하였으며, 이 중 K-Lab으로 선발된 두 팀의 연구는 우수 논문 게재, 기업체 기술 이전 등의 성과를 보였다.

둘째, 기업이나 대학 등 외부 혁신 주체와의 협력 구심점으로서 역량이 필요하다. 정부 출연 연구기관은 민간 부문에서 감당하기 어려운 리스크를 주도적으로 감수하는 동시에, 민간의 강점 분야를 적극 활용할 수 있는 협력망을 구축해야 한다.

1960년대 미국의 달 탐사를 위한 아폴로 계획 당시 NASA는 임무를 달성해야 한다는 절박감을 안고 막대한 투자를 감행했다. 추진체, 항법, 통신 등 수많은 요소 기술elementary technology을 대학, 기업과의 협력을 통해 조달했는데, 복잡한 기술 공급망을 조직하여 하나의 시스템으로 엮어내는 NASA의 역량이 핵심 성공 요인이었다고 평가된다.

협력의 조직화는 자연스럽게 산업 생태계 발전과 연

결된다. 항법 기술을 담당한 MIT의 집적회로 기술은 훗날 실리콘밸리의 탄생에 지대한 영향을 미쳤다. 흔히 국가적 임무 달성과 산업 기술 개발 등의 성과 확산 활동은 별개로 인식되기 쉽지만, 두 마리 토끼를 잡는 일석이조 효과가 가능하다.

국민이 필요로 하는 과학기술을 향하여
─과학 치안의 사례

마지막으로 난제 해결의 최종 수혜자인 국민, 사회와의 협력 채널을 확대해야 한다. KIST는 감염병 대응, 치안과 안전 솔루션, 미세먼지 등 사회적 현안 해결을 위한 전담 조직을 갖추고 있다. 이들은 방역 당국, 경찰청, 소방청과의 협력을 통해 현장에서 필요한 기술적 요구 사항을 해석하고 연구자와 정보를 공유해, 임무의 구체적 방향을 설정한다.

한 가지 예로 치안과 안전 솔루션을 살펴보자. 2019년 국내 범죄 사상 최악의 미제 사건인 화성 연쇄살인 사건의 진범이 밝혀졌다. 30여 년 만에 진실이 밝혀진 데는 과학기술이 큰 몫을 했다.

2010년 'DNA 신원 확인 정보 이용 및 보호법'이 제정되어 중범죄를 대상으로 DNA를 확보할 수 있는 법적 근거가 마련되자, 제정 후 1년 사이에 살인, 강도, 성폭행 등 미제 사건 506건이 해결되었다. 화성 연쇄살인 사건의 범인을 밝혀낸 일등공신 역시 1나노그램의 시료만으로도 유전자를 증폭할 수 있는 첨단 DNA 검출 기법이었다. 과학기술의 눈부신 발전이 아니었다면, 다른 사건으로 이미 복역 중이던 범인이 언젠가 풀려나서는 또 다른 범죄를 저질렀을지도 모를 일이다.

"모든 접촉은 흔적을 남긴다." 프랑스 법의학자 에드몽 로카르의 이 말은 오늘날 과학 수사의 기초로 자리 잡았다. 유전자, 지문, 혈흔, 섬유와 페인트 등의 미세 증거까지 확보하는 디지털 포렌식 기법 등의 발달로 인해, 완전범죄가 발붙일 곳은 점점 사라지고 있다. 경찰청 백서에 따르면, 살인, 강도 등 강력범죄와 음주 뺑소니 검거율은 연간 100퍼센트에 육박한다.

하지만 검거와 처벌이 아무리 100퍼센트라 한들, 어디까지나 '사후약방문'에 불과하다. 피해자가 발생하기 전에 범죄 자체를 예방하는 일이야말로 가장 효과적이다. 하나뿐인 국민의 생명과 재산을 온전히 지키려면 과학 수사라는 대증요법對症療法과 더불어, 원인요법에 해당하는 '과학 치안'이 조화롭게 병행 발전해야 한다.

현재 경찰은 과학 치안의 개념을 국민 안전 수호라는

본연의 임무에 접목하기 위해 노력하고 있다. 2020년부터 KIST와 함께 출범시킨 '과학치안진흥센터'가 대표적이다. 경찰청은 2018년부터 KIST와 폴리스랩 1.0 사업을 공동 추진해왔다. 경찰과 연구자가 협력해 과학적으로 치안 현장의 문제 해결 방안과 정책을 수립하려는 것이다.

짧은 기간이었지만 이미 가시적인 성과물들도 나왔다. 탄소-아라미드섬유 복합 소재로 만든 초경량 접이식 방검 방패, 설치에 시간이 걸리는 앱 대신 신고자가 사건 현장의 사진과 영상을 즉각 경찰에게 보낼 수 있는 '보이는 112' 시스템 등이다.

얼굴, 행동, 시간, 장소 등의 복합 정보를 분석해 실종자 신원을 빠르고 정확하게 확인하는 인공지능 기반 인지 연구도 활발하다. 이 연구는 실종된 아동이나 치매 환자 등을 수색하는 골든타임에 이들의 초기 이동 경로를 예측해 위치를 추적하는 것은 물론이고, 장기 실종자의 경우에는 현재 나이에 맞게끔 얼굴을 변환해 현재 모습을 추정하는 데도 효과적일 것으로 보인다. 수색 인력 부담을 덜어 다양한 민생 현장에 효율적으로 경찰을 배치하는 데도 도움이 될 것이다.

한국형사정책연구원 보고서에 따르면, 범죄로 인한 사

회적 비용은 예상외로 자연재해보다 훨씬 더 크다. 국가의 존재 이유는 국민의 생명과 재산을 지키는 데 있다. KIST가 과학 치안이라는 새로운 방향으로 연구개발을 확장하는 노력도 그래서 더 필요할 것이다.

더욱더 복잡한 사회문제의 경우에는 발생 원인의 규명, 모니터링, 저감 등 세부 분야별로 기술 수요를 명확히 파악해야 한다. 임무 지향 연구의 궁극적 목표는 수요처인 국민과 사회가 체감할 수 있는 해결책이며, 그들의 목소리를 반영하여 실험실과 현장의 간극을 줄이는 협력 체계가 절실하다.

열두 척의
전선

코로나19에 대한 인류의 발 빠른 대응은 과학사의 한 장면으로 기록될 만했다. 2021년 2월 26일, 그 전해 1월 첫 확진자 발생 이후 13개월 만에 한국에서도 코로나19 백신 접종을 시작했다. 백신 개발은 통상 10년, 아무리 서둘러도 5년 이상 걸린다는 것이 학계의 정설이었으나, 코로나19 대응에는 채 1년도 걸리지 않았다. 각국 정부와 다국적 제약회사들의 막대한 재원 투입, 기꺼이 임상 시험에 자원한 용기 있는 세계 시민들 덕분이었다.

규제 기관은 이 귀중한 임상 자료를 실시간에 가까운 롤링 리뷰 방식으로 검토했다. 여기서 롤링 리뷰란 제약회사가 자료 전체가 아닌, 준비된 자료부터 우선 제출하는 방식을 가리키며, 이로써 승인에 필요한 시간을 극적으로 단축했다. 2022년 6월 29일에는 KIST의 면역 증강제 기술을 장착한 한국형 백신도 등장했다. "우리는 답을 찾을 것이다. 늘 그랬듯이"라는 영화 〈인터스텔라〉(2014)의 명대사를 새삼 다시 떠올리게 된다.

인류는 바이러스로 고통에 시달려왔지만, 보이지 않는 적들과의 투쟁 속에서 늘 새로운 진화의 전기를 마련했다. 바로 백신이 상징하는 과학의 발전이다. 지난 14세기 흑사병 사망자 수는 최대 2억 명으로 추산된다. 흑사병 창궐 직전이던 1340년 세계 인구가 약 4.4억 명으로 추산되는 점을 감안하면, 무려 절반 가까이 사망한 것이다. 20세기 초에도 스페인 독감이 유행하면서 최소 5,000만 명 이상의 목숨을 앗아갔다.

코로나19로 한때 전 세계가 위축되었으나, 그럼에도 인류의 대응은 흑사병이나 스페인 독감 때와는 전혀 다르다. 희생을 최소화하며, 역사상 유례없는 속도로 재앙의 터널에서 벗어났다.

신속한 백신 개발은 선제적이고 지속적인 연구개발 투자와 일상 곳곳에 깊숙이 스며든 첨단 과학기술의 힘이다. 코로나19 백신 개발의 기반인 mRNA 백신 플랫폼 기술은 20년 전에 완성되어 있었고, 오장칠부五臟七腑라

(위) 새부리형 마스크를 쓴 흑사병 의사를 그린
파울루스 퓌르스트의 1656년 판화.
(아래) 아이에게 천연두 백신을 맞히는 에드워드 제너.

(위: British Museum; 아래: Wellcome Library)

는 표현처럼 이제 인류의 몸이나 다름없는 스마트폰과 소셜미디어는 순식간에 임상 참가자를 불러 모았다. 지난 몇 년간 발전을 거듭해온 인공지능과 빅데이터 기술은 임상 시험과 큰 시차 없이 병행되는 롤링 리뷰를 가능하게 했다.

팬데믹과 경기 침체에도, 2023년 연구개발 예산은 역대 최대인 30조 원 규모로 편성되었다. 한국 사회가 미래 살길을 위해 연구개발에 거는 기대가 얼마나 막중한지를 방증하는 규모였다. 어려움 속에서도 전해진 국민적 지지와 기대에 연구자들은 무거운 책임감을 느낀다.

충무공 이순신 장군은 처한 환경에 상관없이 맡은 바 소명을 철저히 다했다. 장군은 정유년(1597) 원균의 칠천량 해전 참패 후 두 달간 삼남 지역을 돌며 흩어진 장병과 군량, 무기를 수습하고 명량의 지형과 조류를 주도면밀하게 살폈다. 이어 "신에게는 아직 열두 척의 전선이 있습니다"라는 장계로 조정의 동요를 막고, "죽고자 하면 살 것이다"라는 말로 병사들의 전의를 다지며 국가의 명운을 건 일전을 준비했다.

작금의 현실 역시 명량해전의 그날과 비슷하지 않을까. 팬데믹은 다행히 종식했지만, 시시각각 현실화하는 기후변화와 4차 산업혁명 기술이 촉발한 사회경제 구조 재편, 피아 식별이 어려워지고 있는 국제 정세에 여전히 몇 배의 연구개발 예산을 투자하는 과학기술 강국과의 경쟁까지, 한국이 안팎에서 마주하고 있는 위협의 파고는 모두 전례 없는 것이다. 과학기술계가 '불이 꺼지지 않는 연구소'의 신화를 기억하며 다시 한번 심기일전해야 하는 것도 이 때문이다.

결핵, 코로나, 공공 연구

결핵의 시대에 종지부를 찍다

코로나19 팬데믹 초기, 다른 감염병이 뜻밖에도 극적으로 감소했다. 국민건강보험공단의 발표에 따르면, 2020년 감기와 폐렴은 절반 넘게, 독감 환자는 무려 98퍼센트가 줄어들었다.* 호흡기 질환뿐만 아니라 식중독, 결막염 등의 감소세도 뚜렷하다. 마스크 착용과 손 씻기, 사회적 거리두기 등이 일상화된 덕분에 가능한 일이었다.

그러나 국민들이 방역 수칙을 꾸준히 실천하고 있는데도, 2020년 결핵은 전년 대비 15.8퍼센트만 감소했을 뿐

* 국민건강보험공단, 「코로나19로 인한 국민의 의료이용행태 변화 ─ 호흡기감염질환자 절반으로 줄고 중증질환·만성질환 신규환자 감소」, 보도자료, 2020. 10. 28.

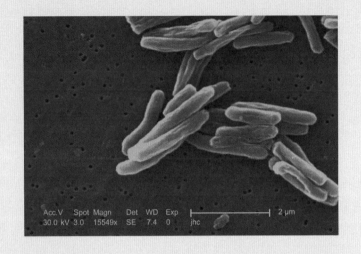

주사전자현미경SEM으로 촬영한 결핵균.

(사진: CDC/Ray Butler, MS)

사망자 수가 코로나19보다 더 높아 여전히 건재한 것으로 나타났다. 심지어 2021년에는 OECD 38개 회원국 가운데 결핵 발생률 1위, 사망률 공동 3위라는 불명예의 꼬리표를 달고 있다. 코로나19로 인해 다른 감염병 발생률이 감소하는 와중에도 결핵은 신규 환자 신고 건수가 전년 대비 소폭 감소하는 데 그쳤다 하니, 방역 수칙 생활화도 결핵에는 별다른 영향력을 미치지 못하는 것일까.

결핵은 9천 년 전 선사시대 사람의 뼈에서도 병흔이 발견될 만큼 오래된 감염병이다. 세계 인구의 4분의 1이 결핵균에 감염되어 있는 것으로 추정되며, 매년 150만 명 이상이 결핵으로 사망한다고 알려져 있다. 질병관리청에 따르면, 결핵의 50퍼센트가 감염 후 2년 내, 나머지 50퍼센트는 평생 잠복 상태로 있다가 면역력이 떨어지는 시기에 발병한다고 한다. 특히 19세기에는 '결핵의 시대'라 할 정도로 동서양 가릴 것 없이 많은 이가 목숨을 잃었다.

결핵은 밀폐되고 환기가 잘되지 않는 곳에서 빠르게 퍼져나갔다. 산업 발달과 도시화로 감염 위험이 더 커진 것이다. 골방에서 창작 활동에 골몰하던 많은 문인과 예술가가 창백한 얼굴로 각혈을 하다 숨지면서, 결핵은 한때 지식인 질병으로 알려지기도 했다.

알려진 게 없었던 탓에 더욱 공포를 자아내며 흡혈귀의 짓이라고도 믿어지던 결핵의 해결책은, 19세기 말 세균학의 아버지 로베르트 코흐가 병의 원인으로 결핵균을 지목하면서 그 실마리를 찾았다. 이후 결핵 예방과 치료를 위한 연구개발이 계속되어, 20세기 초 마침내 프랑스 세균학자 알베르 칼메트와 수의사 가미유 게랭이 BCG 백신을 개발하면서 인류는 승기를 잡게 된다.

예방 백신과 치료제가 보편화하고 인류의 위생과 영양 상태가 빠르게 개선됨에 따라, 일부 빈곤 국가를 제외하면 결핵은 사라진 질병으로 점차 인식되어갔다. KIST 역시 폐결핵 치료제 에탐부톨의 독자적 합성법을 발견해 1972년에는 미국, 이탈리아에 이어 세계 세번째로 에탐부톨 개발에 성공함으로써, 결핵 퇴치에 혁혁한 공을 세운 바 있다.

결핵 퇴치를 위해 연구실의 불을 밝힌 선배들의 DNA는 지금도 면면히 이어지고 있다. KIST가 개발한 면역 증강제가 국산 코로나19 백신에 쓰였고, 가까운 미래인 고령 사회에 대비한 치매 치료제 연구 역시 더욱 속도를 내고 있다.

그런데 여기서 한 가지, 한국의 의학 연구와 관련해 짚고 넘어갈 것이 있다. 한국은 세계 최고 수준의 의료 기술과 서비스를 보유하고 있고, 2020년 기준 의료 분야 연구비가 2조 5,000억 원, 전체 투자의 11.3퍼센트를 차지한다. 그에 비해 관련 산업의 국가 경쟁력은 26위로 미진하다. 중개 연구와 임상을 통해 원천 기술의 가치를 실현할 의사 과학자 부족이 주요 원인으로 지목된다. 코로나 백신과 치료제 개발에서 뒤처지는 것도 같은 맥락이다.

모두를 위한 의사 과학자

야마나카 신야 박사는 체세포로부터 유도만능 줄기세포iPS cell를 만든 공로로 존 거던과 2012년 노벨 생리의학상을 공동 수상했다. 그는 의대를 졸업하고 정형외과 의사를 꿈꿨지만, 좀처럼 수술 실력이 늘지 않자 임상의 대신 기초과학 연구에 몰입함으로써 결국 스톡홀름의 연단에 올랐다. "아홉 번 실패하지 않으면 한 번 성공할 수 없다"라는 그의 수상 소감엔 남다른 울림이 있었다.

KIST는 2021년부터 창업경진대회 'GRaND-K'를 개최하고 있다. K-팝 오디션 형태의 경연으로서, 투자 기관들이 기술성과 시장성, 혁신성을 평가해 참가 팀을 단계별로 가려낸다. 2021년 대상을 차지한 '시프트바이오' 창업자는 수상 소감에서, 항암 면역 치료 신약을 개발해

암 환자들에게 제2의 삶을 선물하겠다는 포부를 밝혔다.

여기에 화이자와 mRNA 백신을 공동 개발한 바이오엔테크의 우구어 자힌 박사 부부까지, 이들의 공통분모는 모두 '의사 과학자'라는 점이다. 미국 국립보건원NIH은 1964년부터 의대 129곳의 의사 과학자 전문 육성 프로그램MSTP을 지원하고 있다. 보스턴 클러스터의 하버드 대학교와 MIT는 독자적으로 의학·이학·공학 융합형 육성 과정을 운영한다. 일본 역시 일본의료연구개발기구AMED를 통해 의사 과학자 양성에 진력하고 있다.

바이오·의료 분야의 경쟁력을 위해서는 선진국처럼 미래의 자산인 인재 육성에 더 힘을 기울여야 한다. 최근 KAIST와 POSTECH은 임상의 진출을 제한하는 연구자 중심 의학전문대학원 설립을 추진하고 있다. 임상보다는 연구와 창업에 방점을 찍는 의사 과학자를 본격적으로 육성하려는 계획이다.

물론 걱정이 없는 것은 아니다. 안정적인 수입이 보장되는 임상이 아닌, 연구와 창업의 길을 걷는 의사 과학자를 육성하려면 그에 맞춤한 보상과 비전을 보여줘야 하기 때문이다. 기존의 의사 양성 트랙에서 의사 과학자를 육성하기 위한 다양한 교육 프로그램을 도입하려는 노력이 병행되어야 하는 이유다.

한 가지 사례가 있다. KIST는 기초의학 전공 공중보건의를 선발해 과학자와 공동 연구를 진행한 적이 있다. 탁월한 연구 성과가 이어졌고, 그들 중 일부는 임상의 대신 연구자의 길을 택하기도 했다. KIST의 의사 과학자 양성 사례는, 의학 전공자들에게서 재능과 열정을 발견하고 연구자로 성장할 기회를 제도적으로 제공할 필요가 있다는 사실을 보여줬다.

"배를 만들고 싶다면 저 넓고 끝없는 바다를 보여주며 동경심을 가르치라"라는 생텍쥐페리의 지혜는 의사 과학자 양성에도 유효하다.

공공의 과학을 향하여

최근 감염병 연구가 진척을 보이면서 바이러스 구조와 감염 기작 등에 관해 많은 지식이 쌓였다고는 하지만, 새로운 감염병 예측은 여전히 어려운 탓에 신속하고도 효과적인 대응이 쉽지 않다. 백신과 치료제 개발에는 막대한 자금이 필요하기 때문에 기업으로서는 관심을 두기 어렵다. 따라서 공공성을 기반으로 한 진단과 치료, 예방의 통합적인 연구가 어느 분야보다 절실하다. 특히 이미 겪었거나 겪고 있는 감염병에 대한 지속적이고 심도 있는 연구를 통해, 향후 갑작스러운 발생과 가파른 증가세에도 빠르게 대응할 수 있는 플랫폼 기술을 구축하는 것이 매우 중요하다.

　이 대목에서 정부 출연 연구기관의 역할을 다시 생각해본다. 신종 바이러스 팬데믹과 여전히 끝나지 않는 결핵과의 전쟁은 꾸준한 대비의 중요성을 더욱 실감하게 한다. 감염병 기술 개발에는 상당한 시간이 필요하고, 닥쳤을 때 대응을 시작하면 이미 늦다. 과거 메르스와 조류인플루엔자를 겪으며 KIST 연구진은 감염병 연구를 본격적으로 시작했는데, 이때 시작했던 연구들이 수년 뒤 코로나 대응 기술 개발의 토대가 되었다. 팬데믹 당시 의료 현장 인력 감염 위험도를 낮추는 다중 진단 키트, 비대면 검체 채취 기술, 무인 문진 및 상담 시스템, 건물 내 접촉자 파악 기술 등을 신속하게 개발해 재난 의료 상황에서 현장 인력을 보호하고 의료 시스템의 안정화에 기여할 수 있었다. 미래 감염병에 미리 대비해야 한다고 믿었던 연구진의 확신 덕분에 가능했던 결과다. 이처럼 공공 연구기관의 존재 이유는 사회문제 해결과 함께, 다가올 미래에 대한 예측과 준비에 있는 것이 아닐까.

과학 윤리가
필요하다

한국의 위상에 걸맞은 선진 윤리 기준

2016년 9월 28일, '김영란 법'이라 불리는 '부정청탁 및 금품 등 수수의 금지에 관한 법률'(약칭 청탁금지법)이 발효됐다. 당시에 식사, 선물, 경조사비의 최대 범위를 의미하는 3, 5, 10은 흔히 접하는 숫자가 되었다. 많은 고급 식당이 메뉴에 '김영란 코스'를 새로 추가하는 해프닝도 있었다.

일각에서는 청탁금지법이 업무 추진을 늦추고 경제를 위축시킬 것이라 우려했다. 하지만 2016년 당시 국가 청렴도가 OECD 35개 회원국 중 29위로 최하위권인 데다, 같은 해 법인세를 신고한 기업들의 접대비 지출 총액이 10조 원 이상이던 당시 상황을 생각하면, 청탁금지법을 더 늦출 수는 없었다. 2022년에는 국가 청렴도 순위가 OECD 38개 회원국 가운데 22위로 상승했으니, 이 법의 시행에 효과가 있었다고 보아도 무방할 듯싶다.

내가 속한 과학기술계도 김영란 법의 중심에 서 있었다. 많은 연구자가 김영란 법의 적용 대상으로 분류된 정부 출연 연구기관 또는 대학에 소속되어 있기 때문이다. 어떤 연구자는 지적 호기심을 충족하고 새로운 것을 만드는 것이 본업인 과학기술계가 접대, 청탁과 무슨 연관이 있겠느냐고 물었다. 게다가 융합 연구를 위한 연구 주체 간 소통을 위축시키고, 연구자들의 사기를 떨어뜨리게 될 것이라는 목소리도 있었다.

그러나 현대 과학기술은 인간 사회는 물론, 자연 생태계에 되돌리기 힘든 변화를 가져올 만큼 강력해졌다. 오죽하면 인간이 과학기술의 힘으로 지구를 바꾸는 영향력을 강조하고자 '인류세'*라는 용어가 나왔겠는가. 최근 들어 과학기술 연구에 대해 그 목적과 결과의 사회적 영

---

* Anthropocene. 오존층 파괴 메커니즘 연구로 1995년 노벨 화학상을 받은 원로 과학자 파울 크뤼천이 2000년 한 학술회의에서 제안하면서 세상에 알려졌다. 애초 지구 환경에 미치는 인류의 영향을 강조하는 용어로 쓰기 시작했다. 현재, 국제지질과학연맹IUGS 국제층서위원회ICS 산하 제4기층서소위원회 인류세워킹그룹AWG에서는 '인류세'를 공식적인 지질시대로 볼 것인지를 놓고서 논의 중이다.

향력을 놓고서 사회 윤리적 평가를 내리는 일이 그 어느 때보다 중요해진 것도, 이런 상황을 염두에 두면 당연한 일이다. 더구나 한국에서는 수십조 원이라는 막대한 혈세가 연구개발에 투자되고 있다. 당연히 연구 수행 또한 얼마나 윤리적으로 행해지고 있는가를 살펴봐야 한다.

그러니 더더욱 엄격한 윤리 기준을 정착시킬 필요가 있다. 그간 한국의 과학기술계는 연구 수행 과정에서 윤리적인 측면에 상대적으로 소홀히 해온 면이 없지 않다. 추격자로서 한국의 과학기술을 단기간에 일정 수준까지 올려놓아야 한다는 위기의식이 더욱 시급하게 여겨진 것이다. 그러나 연구의 윤리성이 그 어느 때보다 강조되고 있는 추세인 만큼, 여러 경쟁국에서 예의 주시하는 세계적 위상을 갖춘 한국이 연구 수행 과정에서부터 21세기 한국의 위상에 걸맞은 선진 윤리 기준을 충족할 필요가 있다.

깨진 유리창에서 우리가 배운 것

이처럼 중요해진 과학기술 윤리를 강화하기 위한 실천 방안은 '깨진 유리창 이론'에서도 찾아볼 수 있다. 1969년 미국 스탠퍼드 대학교의 필립 짐바르도 교수는 실험을 위해, 치안이 허술한 골목에 동일한 상태의 자동차 두 대를 일주일간 보닛을 열어놓은 채로 방치해두었다. 두 자동차에 차이가 있다면, 한 대는 창문을 살짝 깨뜨린 상태로 두었다는 것이다. 일주일 후, 창문이 깨진 자동차에서만 배터리, 타이어 등 값나가는 차량 부속품이 모두 사라진 것은 물론, 낙서에 추가 파손으로 인해 차를 완전히 못쓰게 되었다. 심바르도 교수의 연구 결과를 바탕으로, 1982년 범죄학자 제임스 윌슨과 조지 켈링은 '깨진 유리창 이론'을 발표한다.

1980년대 뉴욕에서는 연간 60만 건 이상의 중범죄 사건이 발생하고 있었다. 특히 뉴욕 지하철은 여행객들 사이에서 기피 대상이었다. 이에 대한 대응책으로 조지 켈링은 깨진 유리창 이론에 근거해 지하철 낙서를 지우자고 제안했다. 낙서가 없어지자 지하철 중범죄 건수가 4분의 1로 줄어들었다. 작은 변화가 사람들의 인식 변화를 가져왔고, 결국 큰 성과로 이어진 것이다.

사실 과학기술 윤리를 지키기 위한 노력은 벌써 진행되어왔다. 실시간 연구비 관리 시스템RCMS을 도입하는가 하면, 정밀 정산 등을 통해 연구비 부정을 원천 봉쇄하고자 했다. 한편 연구소와 연구 중심 대학은 연구윤리위원회를 별도로 두는 등, 연구 윤리성을 높이기 위해 노력해왔다.

그러나 아쉽게도 과학기술 윤리를 획기적으로 강화할 실효성 있는 변화를 완성해내지 못했다. 과학기술계 또한 한국 사회에 속해 있는 이상, 한국 사회의 낮은 청렴도가 그대로 투영되는 한계가 있었다. 그렇기에 한국 사회 전반에 걸쳐, 강력한 수단과 강제력을 갖춘 청탁금지법이라는 충격 요법이 더더욱 필요했던 것이다.

프란츠 카프카의 소설 「법 앞에서」는 법 안으로 들어가려 했으나, 문지기의 저지와 위협에 가로막히면서 그 안으로 들어가지 못한 사람을 그려낸다. 그는 문지기에게 입장을 허락받을 때까지 기다리기를 택하나, 결국 뜻을 이루지 못한 채 죽음을 맞는다. 죽음의 순간에 그는 문지기에게 단 하나의 질문을 던져, 모순적 진실과 마주하게 된다. 카프카는 자신이 믿어왔던 사실에 의문을 제기함으로써 기존의 틀을 깰 수 있어야 한다고 말하고 있는 것 아닐까. 관점에 따라 다양한 해석이 가능하겠지만 말이다.

2016년 이후 김영란 법 시대를 사는 우리는 자의 반, 타의 반으로 과학기술계의 관행과 문화라는 기존의 틀을 깨는 문을 넘어섰다. 새로운 환경에서 어떤 과학기술계를 만들어가야 할지가 우리 손에 달렸다. 우리가 진정한 선진국이 되기 위한 시작점에 서 있다고 모두들 말한다.

57년 전, 조국의 과학기술 발전을 위해 해외의 좋은 연구 환경과 보상을 마다하고 달려와 KIST 초대 원장을 역임한 최형섭 박사가 말했듯 '연구자의 덕목'을 진정 되새겨야 할 때다.

사회적으로 적실한 과학 연구를 향하여

김소영 KAIST 과학기술정책대학원 교수는 서울대에서 영어교육학 학사와 정치학 석사, 미국 노스웨스턴 대학교에서 사회과학 수리 방법론 석사 및 정치경제학 박사를 취득했다. 정부 연구개발 예산 지원 및 평가, 기초과학 정책, 과학기술 인력, 과학기술 ODA 등 과학기술과 공공정책 접면에서 발생하는 이슈를 연구한다.

공공 과학기술 연구가 국민에게 더욱 신뢰받는 지식으로 향유되기 위해서는 어떤 정책이 필요할까요?

'공공' 과학기술 연구란 과학 연구와 기술 개발에 공적 자원이 투입된다는 뜻입니다. 공적 자원은 결국 세금이라는 국민들의 물적 자원을 추출해 마련하는 것이기 때문에 공공 과학기술 연구에는 과학기술계와 국민들 사이에 일종의 사회 계약이 내포되어 있습니다. 직접적인 연구비가 되었든 조세 감면이 되었든 과학기술 연구에 공공 자원이 투입되는 대신, 과학기술 연구는 그 사회에 적실한 지식을 생산하는 것입니다. 물론 이러한 교환 관계가 당장 오늘 써먹을 기술을 만들어내라는 독촉은 아닙니다. 언제 뭐가 나올지 모르는 기초연구도 우리 경제와 사회에 엄청난 변화를 가져올 수 있는 기술로 이어지고, 사실 인간 지식의 경계를 확장하는 지적 활동 자체가 가치 있는 일이기도 합니다.

우리나라는 국가 연구개발 투자가 세계 최고 수준이기도 하지만, 우리 사회에서 과학기술인은 그 어떤 직업군보다 큰 신뢰를 받아왔습니다. 그 신뢰의 바탕은 두 가지였다고 생각합니다. 먼저 과학기술이 실제로 먹고사는 문제를 해결해준 것입니다. 당장 과학기술 투자가 없었다면 우리나라가 반세기 만에 세계 최빈국에서 탈출해 세계 수많은 개발도상국이 벤치마킹하려는 나라로 변모할 수 있었을지 돌이켜봐도 알 수 있습니다. 둘째로 과학기술계는 자신들의 이익만을 추구하는 집단이 아니라는 인식입니다. 이는 단순히 과학기술계가 지식 창출로 두루두루 도움을 주는 집단이라는 뜻이 아니라, 과학기술 연구의 작동 방식이 객관성과 엄밀성을 바탕으로 하기에 기술을 수반하는 사회의 복잡하고 논쟁적인 이슈에 대해서 그 어떤 집단보다 믿을 만한 지식을 만들어낸다는 믿음입니다.

최근 들어 이 두 가지에 근본적인 도전이 제기되고 있습니다. 압도적으로 세계 최저인 출생률은 이제 먹고살 만한 나라를 넘어 살고 싶은 나라를 만드는 데 과학기술이 어떤 답을 줄 수 있는지 묻고 있습니다. 또 기후변화, 팬데믹, 에너지 위기, 디지털 전환, 후쿠시마 오염수 등 과학기술이 직간접적으로 유발 혹은 관여하는 주요한 문제가 사회정치적 논쟁으로 번지면서, 과학자들 역시 이런 이슈에 과연 객관적이고 중립적인 정보를 제공할 수 있는 집단인지 의문이 나오고 있습니다.

이런 상황에서 공공 과학기술 연구가 계속해서 국민들에게 신뢰받을 수 있는 지식을 창출하기 위해서는 무엇보다 사회적으로 적실한 연구를 비판적으로 수행할 수 있는 시스템을 구축하는 정책이 필요합니다. 사회적으로 적실한 연구란 단순히 사회문제 해결형 연구개발 사업을 의미하는 게 아니라, 우리 사회가 공동체로서 공유하는 가치와 공통으로 맞닥뜨린 도전이 무엇인지, 여기에 과학기술은 어떻게 관련되는지 끊임없이 성찰하는 태도에서 비롯되는 탐구입니다. 이를 비판적으로 수행한다는 것은 공공 과학기술 연구가 그때그때 변하는 정부 어젠다에 맞는 연구가 아니라, 거시적인 사회의 흐름과 장기적인 사회의 난제에서 오늘을 돌아보고 무엇이 잘못되었는지 파악하며 경로를 수정해가는 데 기여하는 연구여야 한다는 뜻입니다.

이런 연구 수행 체계를 구축하는 데는 예산이나 기획만이 아니라 연구 평가 시스템이 특히 중요합니다. 연구 평가는 결국 연구의 가치를 가늠하는 것인데, 단순히 경제적 성과나 계량적 수치로

만 내리는 평가가 진정한 '가치' 평가는 아닐 것입니다. 사실 공공 연구개발 평가는 1980년대 초 특정 연구개발 사업을 필두로 대규모 정부 연구개발 사업이 시작된 이래 끊임없이 개선과 개혁 논의가 벌어진 영역이기도 합니다. 아이러니하게도 공공 연구 투자에서 가장 혁신적인 성과는 그 당시에는 오히려 실패에 가까운 낙제점이거나 '돈 먹는 하마' 같았다는 점을 상기한다면, 무엇이 정말 제대로 된 연구인지를 제대로 평가할 수 있는 역량이 참으로 중요한 것 같습니다.

5부

보이는 것보다
가까운 미래

연구개발의
디지털 전환

2022년 한국산 텔레비전이 세계 시장 점유율 36.9퍼센트를 차지했다. QLED와 OLED 같은 첨단 기술 개발의 성과다. 한국산 이전에 세계 최고는 일본 제품이었다. 1968년 소니는 브라운관 전자총을 셋에서 하나로 줄이고도 더 탁월한 색깔과 선명도를 자랑하는 '트리니트론' 텔레비전을 공개했다. 30년 넘게 지속된 전자 제품 왕국의 대관식이었다.

2위 기업이 1등 기업을 따라잡기란 매우 어렵다. 삼성전자, 펩시콜라, 캐논 디지털카메라의 역전 드라마가 회자되는 것도 그만큼 드문 일이기 때문이다. 하지만 패러다임이 바뀌는 상황에서는, 선두의 자리가 오히려 독이 되기도 한다. 뒤쫓아 오는 추격자들만 보며 수성에 집착

하느라 정작 미래를 보지 못하는 것이다.

후발 주자인 삼성과 LG는 소니의 뒤를 쫓기보다 게임의 규칙을 바꾸는 데 집중했다. 2000년대 초, 높은 가격과 기술적 문제로 인해 일본 기업들이 외면하던 평판 디스플레이 방식을 채택해 공격적 투자와 기술 개발에 나선 것이다. 세계 디스플레이 시장에서 일본의 점유율은 2001년 97퍼센트에서 2003년 61퍼센트까지 급감한 반면, 한국의 점유율은 2001년 0퍼센트에서 2003년 32퍼센트로 치솟다, 2004년에는 점유율 1위로 일본을 추월했다. 디스플레이 사업 분야에서 소니는 결국 디지털카메라의 잠재력을 간과한 코닥과 같은 길을 걸었다.

2020년 마이크로소프트 CEO 사티아 나델라는 "코로나19로 2년간 일어날 디지털 변화를 2개월 만에 경험하고 있다"라며 놀라워했다. 사상 초유의 감염병 사태로 '풀 액셀'을 밟은 디지털 전환 속도가 가까운 미래 국가 경쟁력을 좌우하게 되리라는 전망은 더욱 확실해지고 있다. 새로운 산업혁명 시대에 나타날 경제 질서의 특징은 바로 디지털 뉴딜이다.

디지털 전환의 가속화는 연구개발 현장도 예외가 아니다. 미국의 '소재 게놈 이니셔티브Materials Genome Initiative' 전략 계획, 일본의 '머티리얼 DX 플랫폼マテリ

アルDXプラットフォーム'처럼 데이터를 활용해 첨단 소재의 개발 기간을 단축하려는 경쟁이 치열해지고 있다. 한국도 2020년 '데이터 기반 소재 연구 혁신 허브 구축 사업'을 출범시켰다. 내가 속한 KIST 역시 ABCAI·Big Data·Cloud 스마트랩 구축이 한창이다.

ABC 스마트랩 구축은 태블릿 PC를 활용해 연구 데이터를 효율적으로 형성하는 고유 전자 연구 노트, KiRI노트KIST R&D Informatics System Note와 이를 연동해 데이터 및 논문을 통합적으로 축적하는 KiRI플랫폼 개발 및 시범 운영으로써 2017년 첫 단계를 시작했다. 2020년에는 디지털 전환 로드맵 수립과 이를 주관할 전문 조직(연구자원·데이터지원본부)이 신설되었다. 데이터 기반 연구에 적합한 분야들을 선정해 순차적으로 ABC 스마트랩을 구축해나가기 위한 것이다.

마지막 단계는 KIST 각 부문별 ABC 스마트랩의 연결과 자연스러운 융합을 유도하는 디지털 트윈의 구현이다. 이 과정에서 축적된 노하우를 KIST 바깥의 과학기술계와 공유하는 것 역시 중요한 목표 가운데 하나다. 실제로 ABC 스마트랩의 성과는 이미 곳곳에서 나타나고 있다.

2022년 8월에는 인공지능과 로봇 플랫폼을 이용해서 금속 나노 입자를 합성하고 광학 특성 평가를 자동화했다. 금속 나노 입자의 물성을 입력하면 인공지능이 해당 물질의 특성에 맞춤한 최적 공정 조건을 예측하고, 로봇이 설계-합성-분석까지 자동으로 수행하는 방식이다. 데이터 기반의 연구개발 분야에 시험적으로 적용해서 연구 효율을 높일 수 있음을 보여준 것이다.

디지털 전환의 가장 강력한 위력은 연결에 있다. 서로 다른, 독립된 연구 생태계들을 연결하는 일에는 충돌과 엇박자가 불가피하다. 하지만 새로운 소재가 대부분 융합되기 어려운 재료들의 이종 접합에서 탄생하듯, 서로 다른 연구 영역의 만남과 소통이 혁신적인 가치 창출의 특이점singularity을 앞당기게 될 것이다.

이에 앞서 서둘러야 할 일은 연구 현장의 연결과 융합에 대한 제도적 지원이다. 패러다임의 전환에는 필연적으로 창조적 파괴가 수반되는 만큼, 포용성과 유연성을 갖춘 큰 우산이어야 한다. "사물이 보이는 것보다 가까이 있다"라는 자동차 사이드미러의 문구가 예사롭지 않은 요즘이다.

미래 패러다임 개척하는
KIST의 인공지능

　　"미래는 이미 와 있다. 단지 널리 퍼져 있지 않을 뿐이다."

　사이버펑크 SF의 거장 윌리엄 깁슨이 한 말이다. 우리 곁에서 본격화하는 새로운 산업혁명을 이보다 잘 표현하는 말은 없을 것이다. 새로운 산업혁명의 핵심 기술은 인공지능이다.

　우리는 미래 기술로만 여겨져온 인공지능에 대한 인식의 전환점에 서 있다. 2022년 11월 세상에 공개된 챗GPT는 불과 몇 개월 만에 전 세계인의 화두가 되었다. 〈스타워즈〉의 휴머노이드 C-3PO와 로봇 R2D2, 〈그녀〉(2013)에서 주인공이 사랑에 빠지는 인공지능 서맨사가 단지 상상이 아닐 수도 있음을 깨닫게 했다.

인공지능 기술은 현재 어느 수준이고, 앞으로는 어떻게 발전하게 될까? 인공지능과 관련된 KIST 연구개발은 세 관점에서 살펴볼 수 있다. 먼저 차세대 인공지능 혁신 기술 개발을 위한 인공지능의 연구개발R&D of AI이다. 둘째는 인공지능을 융합함으로써 기존 연구의 한계를 돌파하는 인공지능과의 연구개발R&D with AI이다. 마지막은 연구 방법과 실험실을 변혁하는 인공지능에 의한 연구개발R&D by AI이다. 이를 통해 KIST가 이끌어갈 미래 생활 속 인공지능의 모습을 소개한다.

인공지능의 연구개발
─차세대 인공지능을 위한 기반 기술 개발

KIST는 뇌과학 및 반도체 원천 기술을 기반으로 인간의 뇌를 더욱 잘 모사할 수 있는 인공지능 기술을 연구개발 중이다. 인간 두뇌의 무게는 성인의 경우 평균 약 1.4킬로그램이며, 1,000억 개의 신경세포(뉴런)와 이를 연결하는 수백조 시냅스로 구성되어 있다. 신경세포는 자극을 받으면 스파이크 신호를 만들어내며, 이 신호의 자극 세기가 일정 수준 이상일 때 시냅스를 활성화시켜 다른 신경세포에도 신호를 전달한다. 이것이 뇌가 정보를 전달·처리하는 원리다.

이러한 뇌의 정보처리 방식은 새로운 환경에 쉽게 적응하면서도 에너지 소비가 적어, 복잡한 정보처리 측면에서는 컴퓨터보다 유리하다. KIST가 연구 중인 스파이킹 신경망 기반의 저전력 뉴로모픽 반도체는 이런 인간 두뇌 구조 및 동작 원리를 모사하는 데 초점을 두고 있다.

챗GPT에서도 확인할 수 있듯 최근 글로벌 테크기업이 경쟁적으로 개발하는 심층 학습 기반의 인공지능은 학습 과정에서 막대한 전력 소비가 필수다. 앞으로 기후변화에 대응해 저탄소 요구가 거세질수록, 전력 소비가 큰 인공지능의 개발에 제동이 걸릴 수밖에 없다. 그만큼 KIST가 개발 중인 저전력 뉴로모픽 반도체는 미래 시대에 맞춤해 다양하게 활용될 가능성을 품고 있다.

뉴로모픽 반도체를 개발하기 위해서는 뉴런 및 시냅스의 다양한 거동을 모사할 수 있는 소자 개발이 필수다. 인간 두뇌의 각 영역은 어떠한 뉴런 및 시냅스들로 구성되어 있으며 어떠한 연결 구조를 가지는지에 대한 뇌과학적 정보도 필수이다. KIST 연구 팀은 실리콘 기반의 CMOS로 100만 개 뉴런과 1억 개 시냅스를 집적한 시스템 개발에 도전하고 있다.

KIST 인공뇌융합연구단에서 개발한
아날로그 뉴로모픽 반도체 KIST 'Neu+'(위)와
KIST 'NeuroFit'(아래)의 실물 모습.

(사진: KIST)

인공지능과의 연구개발
―한계 돌파를 위한 인공지능과의 융합 연구

인간과 대화가 가능한 인공지능 기술, 2차원 또는 3차원 가상 객체로서의 인공 인간 기술이 현실화하고 있다. 미국의 로봇 기업 보스턴 다이내믹스는 2017년 바퀴 달린 실내형 서비스 로봇 '핸들'을 선보이며 기술력을 입증한 바 있지만, 사람들은 자신과 유사한 형상, 그리고 실제 물리적인 접촉이 가능한 인공지능 로봇에 더욱 친밀감을 느낀다. 문제는, 로봇의 외형을 쉽게 바꿀 수는 없다는 점이다. 바퀴형 다리를 가진 휴머노이드 로봇을 사람처럼 보이게 할 수 있는 증강현실AR 기술이 필요한 이유가 여기에 있다.

KIST는 증강 현실을 이용한 휴머노이드 로봇 연구개발을 수행하고 있다. 지능형 인공인간을 생성하고 실재감을 충족시켜줄 AR 인터랙션 기술 개발에 중점을 두고 있다. 나아가 바퀴형 휴머노이드 로봇, 다양한 기능을 갖춘 지능형 로봇 핸드, 계단을 올라가는 기술도 연구개발 중이다. 추가로 환경 지능 기술과 근접 서비스 로봇의 안정성 확보까지 목표로 하고 있다.

KIST는 IoT, 빅데이터, 가상현실, 증강 현실, 인공지능 등의 기술이 접목된 4세대 로봇 수술, '디지털 수술Surgery 4.0'을 개발하고 있다. 기존 3세대 로봇 수술이 복강경 수술 시 시각적 한계를 극복하고 조작 편의성을 높이는 데 초점을 두었다면, 디지털 수술의 목적은 새로운 산업혁명의 핵심 기술과 융합하여 안전성과 효율성을 극대화하는 것이다.

'디지털 수술'에서는 인공지능이 의료 빅데이터를 분석하여 환자 맞춤형 진단 및 치료 계획을 집도의에게 제안할 것이다. 집도의를 보조하는 협동 수술 로봇은 봉합과 같은 단순 반복 정밀 작업을 자동 수행할 수 있을 것이다. 또 집도의의 제3의 손 역할도 할 수 있을 것으로 기대된다.

KIST는 디지털 수술 시스템 플랫폼인 'MIDASMedical Intelligence for Digitally Assisted Surgery'를 향후 본격적으로 개발하는 한편, 각종 질환의 수술에 확대 적용할 계획이다. 이를 통해 다양한 디지털 수술 시스템을 신속히 개발하는 데 이바지하고자 한다. 이는 세계시장에서 국내 의료기기 기술의 경쟁력 강화로 이어질 것이다.

인공지능에 의한 연구개발
―연구 방법의 새로운 패러다임 개척
인공지능의 비약적 발전은 연구실의 모습과 연

구 방법도 바꿔나가고 있다. 이 새로운 패러다임이란 '데이터의 축적과 활용을 통한 연구개발'로 축약 설명된다. 실험, 이론, 전산 모사 순으로 발전해온 과학 연구가 드디어 데이터 기반의 귀납적 연구로 변모하고 있다.

앞서 말했듯, KIST는 2016년부터 KiRI노트 개발에 착수했다. KiRI노트의 목표는 연구자의 연구개발 활동에 효율성을 더하는 한편, 연구개발 자료를 빅데이터로 축적·활용하여 새로운 지식까지 도출해내는 데 있다. 이를 위해 실험과 계산 연구, 다양한 연구 분석 장비로 도출한 정형·비정형 연구개발 데이터에 정보학informatics 기술을 적용해 수집·가공·저장한다. 또 내·외부 연구개발 데이터 간 연동도 가능하다. 특히 숨어 있는 지식 도출을 위해 모델링, 계산, 데이터베이스 구축, 기계 학습, 예측과 설계 기능을 갖추었다. 현재 KiRI노트에는 계산, 실험, 분석 분야에서 각기 연간 5,000테라바이트, 20기가바이트, 100테라바이트 데이터가 생산·저장되고 있다.

이를 기반으로 KIST가 구축하려는 것은 앞에서도 소개했듯 ABC 스마트랩이다. ABC 스마트랩은 연구 설계부터 실험 수행까지의 과정을 자율적으로 진행하여 연구자의 부담을 최소화하는 자율 실험실이다. 우선 소재 분야를 시범 분야로 하여, 원하는 소재 혹은 물성만을 입력하면 이를 개발해줄 수 있을 것이다.

자율 실험실을 실현하기 위해서는 인공지능 기술을 이용한 소재 데이터 추출 기술, 그리고 소재의 물성을 예측하고 합성 공정을 최적화하는 모델이 필요하다. 소재 합성과 분석 작업의 자동화를 위한 협동 로봇 기술 또한 필요하다. 이처럼 다양한 분야의 전문가 간 협업이 필수적이다.

KIST는 종합 연구소로서, 다양한 분야의 전문가 융합이 가능하다는 장점을 극대화할 수 있다. 자율 실험실은 24시간 실험할 것이다. 그뿐만 아니라 예측을 통해 실험 대상을 좁힘으로써, 소재 연구개발은 현재보다 크게 가속하고 활성화될 것이다.

'인공지능에 의한 연구개발'을 꾀하는 위한 두 도전이 제 궤도에 오른다면, 10~20년 소요되는 신소재 개발 기간을 크게 단축할 수 있을 것으로 기대된다. 이러한 연구 방법의 새 패러다임은 신약 개발 등 바이오·의료 분야의 자율 실험실로도 확장할 계획이다.

인공지능은 많은 분야에서 놀라운 성과를 보여주며 빠르게 성장해나가고 있다. 일부 특정 영역에서는 이미 인간 능력을 추월했다. 인공지능에 대한 두려움, 윤리에 대한 염려가 당연하다. 19세기 러다이트운동과 같은 갈등을 피하려면, 인공지능의 발전이 단기적으로 사회와 경제에 미치는 부정적인 영향을 최소화할 수 있는 지혜가 필요하다.

인류 문명은 과학기술을 통해 발전을 거듭해왔다. KIST는 과학으로 더욱 밝은 미래를, 보다 스마트하고 따라서 보다 인간적인 미래를 오늘로 만드는 노력을 계속하고 있다.

스마트 파워 시대

　2016년 3월, 세기의 대결이라 불리는 인공지능 바둑 프로그램 알파고와 이세돌 9단의 대결이 있었다. 역사는 이를 인공지능이 인간의 삶으로 들어온 분수령으로 기록할 것이다.

　이 사건에는 특히 감동적인 대목이 있다. 3연패 뒤 극적인 한판 승리를 거둔 이세돌 9단의 스토리. 전 세계는 인공지능을 위시한 과학기술의 발전 속도에 놀라면서도, 기존의 틀을 깨는 창의적인 '신의 한 수'로 인류의 무한한 가능성을 보여준 이세돌 9단에게 감탄을 금치 못했다. 바둑 한판에 고작 시간당 20와트를 쓰는 인간의 뇌로 시간당 56킬로와트를 쓰는 알파고에 승리를 거두면서, 인공지능이 인간을 추월했을지 모른다는 두려움을 내려놓고 잠시나마 안도의 한숨을 내쉴 수 있었다. 물론 인공지능의 소비 전력 효율을 높이는 과제는 연구진의 몫으로 남았을 터다.

이 세기의 사건에서는 기술 제국 구글이 신기술을 대하는 철학에도 눈길이 쏠린다. 구글은 2015년 알파고에도 쓰인 기계 학습 시스템 '텐서플로'를 오픈 소스로 완전히 공개했다. 알파고의 핵심 기술이 낱낱이 담긴 50여 편의 논문마저 대중에게 공개되어 있다. 그들의 자신감에 두렵기까지 하다.

스마트폰 운영 체제 안드로이드를 공개하여 끊임없이 혁신을 유도하고 있는 구글은, 2021년 조사에서도 세계 스마트폰의 운영 체제 점유율을 70퍼센트 이상 차지하는 상황이다. 개방형 혁신을 통해 미래 유망 기술 분야의 산업 생태계를 조기에 구축하고, 자신들의 기술 영토를 넓혀나가는 것이 구글의 핵심 전략이다.

구글의 기술 전략은 배타적 지식재산권의 보호로 대표되는 전통적 전략과 근본적인 차이가 있다. 발명과 아이디어를 보호하고, 그 이용을 도모함으로써 산업 발전에 이바지함을 목적으로 하는 특허제도는 독점적 재산권을 부여한다. 물론 특허제도가 지금까지 과학기술 발전의 핵심 동인으로 잘 기능해왔음을 부인할 수는 없다. 18세기 영국은 강력한 특허제도를 도입하여 산업혁명을 자극했다. 팍스 아메리카나 시대를 구가한 미국 또한 연방헌법 제1조에 특허 보호 조항을 명시하고 있다. 이것이 나타내는 바는 크다.

하지만 고故 이어령은 저서 『지의 최전선』에서, 특허제도는 저수지의 수문과 같다고 비유했다.* 수문을 닫으면 기술과 창조력이 고이지만, 너무 차고 넘치면 해를 끼칠 수 있다는 의미다. 미국의 예를 들면, 노벨상 수상자를 열세 명 배출하고 3만 개 넘는 특허를 보유한 벨연구소는 기업 연구소임에도 불구하고 자신들이 개발한 모든 기술을 무료로 공개했다.

벨연구소의 시도처럼, 특허제도를 효과적으로 운영하는 동시에 지식 공유 패러다임을 실현함으로써 미국은 통신 산업의 글로벌 리더가 될 수 있었다. 이처럼 지식재산권의 보호와 함께 공유를 통한 개방형 혁신의 촉진은 양날의 칼과 같다. 그렇기에 두 개념의 모순을 조정하는 사회적 합의가 필요할 것이다.

하지만 당장 치열한 글로벌 경쟁 속에서 사투 중인 기업에 지식 공유를 요청하는 것은 무리가 따르는 일이다.

* 이어령·정형모, 『지의 최전선』, 아르테, 2016.

추월의 방정식

대신 우리에게는 탄탄하게 기반을 다져온 50여 년 역사의 정부 출연 연구기관이 있다. KIST가 특허 관리와 더불어, 연구 성과를 확대할 수 있는 기술 이전 체계를 고도화하고자 애쓰는 것도 이 때문이다. KIST는 우선 고품질의 연구 성과 특허를 창출하고, 이후 기술 마케팅을 통해 선급금 5억 원 기준으로 소형 및 중·대형 기술 이전을 적극적으로 장려하고 있다. 또한 기업체로의 기술 이전에서 그치지 않고, 상용화까지 적극 지원함으로써 연구 성과의 확산을 꾀하고 있다.

우리 과학기술은 이제 명실공히 세계가 인정하는 시설, 연구비 등 경성 파워Hard Power는 물론, 세계 최고 수준의 인적 자원 등 연성 파워Soft Power도 갖추었다. 경성 파워와 연성 파워를 현명하게 통합하고 연계시켜, 이른바 스마트 파워Smart Power를 구현하고 있다.

저성장과 일자리 부족이라는 한국 사회의 난제를 해결할 수 있는 미래 성장 동력을 모색하는 한편, 고령화와 기후변화 대응 등 전 지구적 이슈에 대응하기 위해서는 스마트 파워가 필수다. 핵심 혁신 주체인 정부 출연 연구기관이 구심점이 되어 지식 공유 네트워크를 구축하고 개방과 융합을 실천하며 스마트 파워 실현의 첫발을 떼는 것이야말로, 한국이 미래로 나아갈 길이다.

새로운 산업혁명의 명암

　　어린 시절, 고향에서 여름밤을 보낼 때는 몇 번씩 찬물을 끼얹고 나서야 잠들 수 있었다. 한낮엔 달아오른 대지의 열기에 서둘러 그늘을 찾곤 했다. 요즘엔 많은 이들이 에어컨과 달콤한 빙수 한 스푼으로 무더위와 열대야를 무사히 넘긴다지만, 쾌적한 여름을 선사했던 과학기술은 이제 미세먼지와 지구 가열로 우리를 짓누르고 있다.

　　그때는 여름이 덥기는 해도 산과 들에 생명이 무럭무럭 자라고, 개울가엔 아이들의 해맑은 웃음소리가 가득했다. 여름을 가득 채우던 푸른 기운은 어디로 갔을까. 과학기술은 선악이 공존하는 고대 그리스의 신 아브락사스의 장난일까.

우리의 삶을 서로 다른 두 방향으로 이끄는 과학기술 분야에서 현재 가장 주목받는 주제는, 흔히 4차 산업혁명이라고도 불리는 디지털 전환이다. 무인 수송 수단, 3D 프린터, 첨단 로봇에 디지털 기술(IoT, 블록체인, 공유 경제)과 생명공학(유전학, 합성생물학)을 융합하여 혁신적인 비즈니스를 가능하게끔 하는 것이다.

4차 산업혁명은 2016년 WEF의 클라우스 슈바프 의장이 주창해 세계적으로 주목을 받았다. 독일은 '산업 4.0Industrie 4.0'을, 미국은 '리메이킹 아메리카Remaking America'를, 일본은 '신산업 구조 비전新産業構造ビジョン' '일본재흥전략日本再興戦略'을 2010년대 중반 이전부터 전략적으로 추진했다. 중국도 제조업과 인터넷의 융합을 통해 제조 강국이 되겠다는 목표로 '중국 제조 2025 MIC2025'를 수립·추진 중이다.

한국 과학기술계도 4차 산업혁명의 핵심 미래 기술 선점을 위해 국가 역량을 모아야 한다는 목소리를 내왔고, 나 또한 새로운 흐름을 만들고자 연구 현장의 최전선에서 고군분투했다. 다만 4차 산업혁명이 가져올 어두운 측면을 상세히 살피고, 대비책을 마련하는 지혜도 아울러 요구되고 있다.

4차 산업혁명의 가장 큰 문제는, 지금까지의 산업혁명

과는 달리 일자리를 감소시키는 특성이 있다는 점이다. 연구에 따라서 천차만별이나, 앞으로 수백만 개의 기존 일자리가 사라지리라는 비관적인 예상치가 있다. 더욱이 새로 생길 일자리 수는 그 4분의 1에 그칠 것으로 예견되었다.

일자리 형태도 변한다. 인터넷을 통해 파트타임으로 구인과 구직이 이루어지고, 업무 단위로 일하며 보수를 받는 휴먼 클라우드가 정착될 전망이다. 물론 노동의 유연성과 기회의 확대라는 장점도 있을 것이다. 하지만 노동의 권리와 안정성이 극히 취약해지는 것을 우려하며 불안정성precarious과 프롤레타리아트Proletariat를 조합한 프레카리아트Precariat 계층의 등장 가능성도 점쳐진다.

국가와 사회의 안보 취약성도 확대될 것이다. 3D 프린터로 개인이 무기를 만들 수 있게 됐고, 인터넷에서 폭탄 제조 방법을 구할 수도 있다. 더욱이 불평등도 심화할 전망이다. 승자독식의 경향이 커지는 상황에서 혁신 생태계에 적합한 새로운 아이디어와 비즈니스 모델을 제공할 수 있는 소수만이 승자가 될 것이다.

SNS로 인해 정작 옆 사람과 공감하는 능력은 한 세대 전보다 40퍼센트 떨어졌다는 지적도 곱씹을 만하다.* 사회문제 해결을 위한 합의가 어려워지는 구조다. 이와 같은 상황에서 4차 산업혁명이 야기하고 있는 문제를 해결하기 위해서는 사람의 본성을 다루는 인문학의 역할이 강화돼야 한다는 주장이 힘을 얻고 있다.

나 또한 인문학과 과학기술의 융합이 필수적이라 믿는다. 4차 산업혁명은 패스트 피시와 슬로우 피시 간의 경쟁이라고 할 만큼 속력이 중요하다지만, 올바른 방향 설정이 우선돼야 할 것이다. 이를 위해서는 연구개발에 인문학의 본격적인 참여가 필요하며, 사회제도 마련에 과학기술계가 동참하는 메커니즘이 필요하다.

---

* 　매리언 울프, 『다시, 책으로』, 전병근 옮김, 어크로스, 2019, p. 88.

천천히 서두르는
탄소중립

　　매년 열리는 유엔 기후변화협약 당사국 총회의 가장 큰 목표는 지구 표면의 평균온도 상승분을 산업화 이전과 비교했을 때 1.5도 이내로 막자는 것이다. 하지만 매년 총회 자리에서 들려오는 소식은 이것이 얼마나 어려운 목표인지 생생히 보여준다. 우선 목표 달성 시점에서 나라별로 시각차가 확연히 드러난다. 중국, 인도, 러시아 등 현재 온실가스를 많이 배출하는 국가가 자국의 감축 목표를 하향 조정하는 일은 한 가지 사례다. 경제성장은 시급하고, 에너지 전환 준비는 덜된 이들 나라는 감축 목표가 공정하지 않다는 입장이다.

　　많은 전문가가 탄소중립 달성의 열쇠는 과학기술에 있다고 이야기하는데, 이 말은 맞기도 하고 틀리기도 하다.

2050년까지 탄소 순 배출량을 '0'으로, 그리고 가까이는 2030년까지 지금 수준 대비 40퍼센트를 줄여야 하지만, 기술 없이 규제만으로는 불가능하다. 기술 확보가 곧 탄소중립의 충분조건인 것도 아니다. 기술 보급과 함께 우리 사회 전반에 걸쳐 대전환이 함께 일어나야 하기 때문이다.

철강·석유화학 등 이른바 고탄소 산업은 친환경 공정 기술이 개발되더라도 기존 공정의 경제성을 따라잡지 못하면 무용지물이다. 재생에너지의 경우 전기 생산의 경제성뿐 아니라 저장, 송배전에 필요한 막대한 인프라 구축이 요구된다. 이처럼 탄소중립 사회로 가기 위해서는 혁신적 기술뿐 아니라 기반 기술과 인프라의 획기적 발전, 또한 사회 구성원 전체의 참여가 함께 요구된다. 탄소중립을 향한 도전은 과학기술 혼자 뛰는 100미터 달리기가 아닌, 우리 사회 전체가 같이 뛰는 2인 3각 경기인 셈이다.

탄소중립을 위한 핵심 기술 확보와 관련해 한 가지 염려되는 것은 연구개발의 본질적 속성, 불확실성에 대한 고려다. 탄소중립의 해解를 찾는 방정식에서 연구개발은 상수가 아닌 변수다. 뜨겁고 긴 여름을 지나야 수확할 수 있는 벼농사처럼, 과학기술 연구개발도 기다림의 시간이 필요하다.

더구나 탄소중립은 우리나라뿐 아니라 전 세계 어느 국가도 아직 분명하게 앞서지 않은 미개척의 영역이다. 미래를 내다보는 연구에서는 투자와 성과가 정확히 비례하지도 않을뿐더러 어떤 파급 효과를 가져올지 예측하기도 어렵다.

역설적으로, 일선 현장의 연구자들이 창의적 아이디어로 자유로이 도전할 수 있어야 한다. 설사 그 목표가 불가능에 가까워 보이더라도 좋다. 탄소 배출량을 획기적으로 줄이고, 흡수량 역시 대폭 늘려야 한다는 목표 자체가 이미 도전적이다. 지금은 그 목표를 달성할 수단을 찾기 위해 성과에 대한 압박 없이 무조건적인 지원을 아끼지 않을 때다.

KIST도 석탄 화력발전소나 철강 산업 현장에서 불가피하게 배출되는 이산화탄소를 포집해서 저장하는 방법을 연구 중이다. 이런 연구 결과가 성과를 낸다면 빠른 시간에 대기 중의 탄소를 줄여서 지구가 데워지는 속도를 막아야 하는 인류에게는 큰 도움이 될 것이다.

좀더 자세히 살펴보면, KIST는 2022년 이산화탄소를 고부가가치 화합물로 전환하는 인공 광합성 기술을 개발했다. 세계 최초로 이산화탄소를 전기화학적으로 에틸렌으로 전환하는 원천 기술을 확보한 것이다. LG화학이 이 기술의 잠재력을 높이 평가해, 2022년 4월 대형 기술 이전을 해 간 것도 특기할 만하다.

이뿐만 아니다. 수소를 얻어내는 가장 깨끗한 방법은 재생에너지로 물을 전기분해 해서 수소를 뽑아내는 것이다. 하지만 이렇게 '그린 수소'를 생산하는 일은 메탄 같은 화석연료에서 수소를 뽑아내는 것보다 단가가 비싸다는 단점이 있다. KIST는 물 분해 과정에서 수소를 뽑아내는 비용을 크게 줄이는 방법도 개발했다.

이런 혁신이 지금처럼 수년 안에 우수 논문 몇 편, 특허 몇 개, 일자리 몇 개 등 손으로 꼽을 수 있는 잣대, 즉 정량 지표를 들이댔을 때 가능했을까? 탄소중립을 앞당길 수 있는 파급 효과 큰 혁신이 우리 손에서 나오려면 다른 방식의 접근이 필요하다. 앞에서 강조했듯 KIST가 과감하게 정량 평가를 없앤 것도 이 때문이다.

영어에는 '천천히 서둘러라make haste slowly'라는 격언이 있다. 급할수록 돌아가라는 의미로 해석된다. 본디 창조적 인재인 연구자에게 자유롭게 상상하고, 그 상상을 결과물로 구현할 시간과 자원을 부여하자. 연구자들이 천천히 서두를 수 있다면 그것이 바로 탄소중립이라는 거대한 방해물을 넘기 위한 도움닫기의 정석이다.

오래 준비해온
미래

2021년 KIST에서 했던 캠페인 가운데 '걷기왕 KIST'가 있다. 구성원이 한 달간 5,000만 보 이상을 걸으면 재해구호협회에 1,000만 원을 기부하는 챌린지다. 유례없는 관심과 호응 속에 시작된 기부 챌린지에는 460여 명이나 되는 인원이 참여했다. 걸음 수도 목표를 훌쩍 뛰어넘는 8,000만 보를 기록했다.

쑥스럽지만, 나 역시 도전자 가운데 한 사람이었다. 마라톤, 조깅, 걷기로 오랫동안 몸을 단련해온 터라 상위권을 자신했지만 결과는 188위. 하지만 중간보다 약간 위인 이 순위에 실망하기보다는 기쁘고 감사했다. 바르고 옳은 일에 대한 KIST의 공감지수가 그만큼 높다는 것을 방증하기 때문이다.

이번 행사는 최근 우리나라뿐만 아니라 지구촌 전체의 큰 화두로 떠오르고 있는 'ESGEnvironment, Social, Governance' 경영의 참뜻을 널리 알리기 위해 기획되었다. 걷기와 같은 일상의 실천을 통해 ESG 경영이 추구하는 선한 영향력 확대에 힘을 보태자는 취지였다. ESG 경영은 탄소 배출을 줄여 환경을 보호하고, 사회에 대한 책임을 다하며, 지배 구조를 바르게 개선하려는 노력만이 지속 가능성을 담보한다는 깨달음에서 출발한다.

ESG 경영은 비단 기업만의 일이 아니다. 정부 출연 연구기관인 KIST의 역할과 임무 역시 ESG 경영과 궤를 같이한다. 다만 차이가 있다면 어느 날 갑자기 발등에 떨어진 불이 아니라 이미 오랜 기간 준비하고 실천해온 미래였다는 점이다.

한발 앞서 시작된 KIST의 도전은 오늘날 세계를 선도하는 차세대 태양광, 인공 광합성, 그린 수소 등의 탄소 중립 연구로 빛을 발하고 있다. 특히 삶의 질을 위협하는 불안 요소 가운데 첫번째 순위로 부상한 미세먼지의 원인 규명과 저감 기술 개발에서도 눈에 띄는 성과를 내고 있다.

KIST의 과학자가 미세먼지의 발생 유형을 국내 대기 정체, 해외 유입, 해외 유입과 국내 대기 정체의 복합 등

세 가지로 나눠서 분석한 연구는 대표적인 예다. 이 연구를 통해서 중국발 미세먼지가 유입되면 국내의 자동차 등에서 배출한 오염물질(질소산화물)과 상호 작용해서 미세먼지가 악화하는 현상을 확인할 수 있었다.

이렇게 환경을 지키고 사회적 간극을 좁히는 연구로 우리 후손이 건강한 세상에 살 수 있도록 노력해온 KIST의 철학은 이름만 달랐을 뿐, 오늘날 ESG 경영이 추구하는 핵심 가치와도 전혀 다를 바 없는 것이었다.

독일 철학자 헤겔은 "형식이 내용을 지배한다"라고 했다. 그의 말에 따르면 ESG 경영의 핵심 가치를 온전히 담아낼 수 있는 형식은 '투명하고 윤리적인 경영'이 유일하다. KIST는 공공기관 경영 정보 공개 시스템을 통해 주요 의사결정 사항들을 대외에 충실히 공개하고 있다. 내부적으로는 개방적인 토론 문화 정착에 더욱 힘을 쏟고 있다.

코로나19 팬데믹의 큰 난관 속에서도 분기마다 빠짐없이 진행해온 타운홀미팅은 어느덧 KIST의 미래를 상징하는 집단지성의 장으로 자리매김했다. 방역 지침을 준수하기 위해 불가피하게 도입한 비대면 토론 방식은 더욱 거침없는 질문과 솔직한 대답을 이끌어내며 오히려 전화위복이 됐다는 평가도 받았다.

2021년 6월 2일, 유엔무역개발회의UNCTAD가 한국의 지위를 개발도상국 그룹에서 선진국 그룹으로 변경했다는 소식이 전해졌다. 우리나라가 더 높고 새로운 문화의 근원이 되고 목표가 되고 모범이 되기를 바랐던 백범 김구 선생의 웅대한 비전이 새삼 더 경이롭게 느껴진다. 하지만 백범의 소원은 여전히 현재 진행형이다.

작은 성공에 안주하지 말고 계속해서 우리 고유의 역할과 책임을 새롭게 인식하고 다듬어야 한다. 이런 목표와 임무의 재정립은 비단 정부나 기관, 조직만의 일이 아니라 국민과 연구자 모두에게 필요한 일이다. 때마침 대두되고 있는 ESG 경영의 큰 흐름을 진정한 선진 한국의 마중물로 삼을 수 있는 지혜가 필요한 때다.

참고문헌

과학기술비서관실, 「12대 국가전략기술, 대한민국 기술주권 책임진다」, 보도자료, 2022. 10. 28.

국민건강보험공단, 「코로나19로 인한 국민의 의료이용행태 변화──호흡기감염질환자 절반으로 줄고 중증질환·만성질환 신규 환자 감소」, 보도자료, 2020. 10. 28.

다이아몬드, 재러드, 『총, 균, 쇠』, 강주헌 옮김, 김영사, 2023.

더크워스, 앤절라, 『그릿』, 김미정 옮김, 비즈니스북스, 2016.

덴트, 해리, 『2019 부의 대절벽』, 안종희 옮김, 청림출판, 2017.

안지현 외, 「2020년 기술수준평가」, 한국과학기술기획평가원 보고서, 2021.

여성가족부, 「2022년 경력단절여성 등의 경제활동 실태조사 결과」, 보도자료, 2023. 6. 1.

울프, 매리언, 『다시, 책으로』, 전병근 옮김, 어크로스, 2019.

이어령·정형모, 『지의 최전선』, 아르테, 2016.

이정동 외, 『축적의 시간』, 지식노마드, 2015.

────, 『축적의 길』, 지식노마드, 2017.

전종암 외, 「사물인터넷(IoT) 기반 도시 지하매설물 모니터링 및 관리시스템 기술」, 『전자통신동향분석』 30, 2015, pp. 28~38.

조선비즈, 「'통한의 송가 해양프로젝트' 대우조선 이달 말 인도… 설계변경 110차례, 1조 손실」, 2016. 3. 30.

추아, 에이미·제드 러벤펠드, 『트리플 패키지』, 이영아 옮김, 와이즈베리, 2014.

카프카, 프란츠, 『변신』, 전영애 옮김, 민음사, 1998.

─────, 『법 앞에서』, 전영애 옮김, 민음사, 2017.

KIST, 『KIST 50년사』, 2016.

─────, 「KIST 개발 스파이킹 신경망 반도체로 국내 뉴로모픽 컴퓨팅 연구 생태계 조성한다」, 보도자료, 2023. 6. 7.

포포비치, 스르자·매슈 밀러, 『독재자를 무너뜨리는 법』, 박찬원 옮김, 문학동네, 2016.

한국과학기술기획평가원, 「2014년도 연구개발활동조사보고서」, 2015.

─────, 「2021년도 연구개발활동조사보고서」, 2023.

한국여성과학기술인육성재단, 「2021년도 여성과학기술인력 활용 실태조사 보고서」, 2023.

한국일보, 「삼성전자, 스마트폰 제일 많이 팔았지만… 번 돈은 애플의 7분의 1」, 2023. 8. 6.

한국항공우주연구원, 「한국형발사체 체계종합기업 확정」, 보도자료, 2022. 12. 2.

홍미영, 「2022년도 글로벌 R&D 투자동향 분석」, 한국과학기술기획평가원, 2023.

환경부·K-water, 「물과 미래―2020 세계 물의 날 자료집」, 2020.

Allison, Graham, Kevin Klyman, Karina Barbesino & Hugo Yen, "The Great Tech Rivalry: China vs the U.S.," Belfer Center for Science and International Affairs, 2021.

Boffey, Philip M., "Korean Science Institute: A Model for Developing Nations?," *Science* 167, 1970, pp. 1354~1357.

Hong, Jaeyoung et al., "Metastable hexagonal close-packed palladium hydride in liquid cell TEM," *Nature* 603, 2022, pp. 631~636.

IMD, "The World Competitiveness Yearbook," 2023.

Kelling, George L. & Coles, Catherine M., *Fixing Broken Windows: Restoring Order and Reducing Crime in Our Communities*, Free Press, 1996.

Lee, ByungGwon, "KIST at 50, beyond the miracle," *Science* 351, 2016, p. 895.

Roco, Mihail C. & William Sims Bainbridge, *Converging Technologies for Improving Human Performance*, Springer, 2003.

日本経済新聞,「韓国、半導体で「脱日本」着々 先端材料の国産化進む」, 2021. 2. 7.

추천의 말

　'산으로 가는 배를 응원하고, 정답 없는 반복과 실패를 격려하자'는 메시지는 산업계 리더들에게도 신선한 충격으로 다가온다. 기술 패권 경쟁 속 국가의 명운이 달린 '선도형 과학기술'을 어떻게 확보할 것인가? 바로 이 질문에서 '추월의 방정식'은 시작된다.

　펌프로 지하수를 끌어 올리려면, 한 바가지 마중물로 물길을 만들어주어야 한다. 내게 이 책은 앞으로 펼쳐질 한국 공공 연구개발 혁신의 마중물 같은 느낌이다. 세계 최초, 최고를 지향하는 초고난도 연구에 도전하도록 장려하는 지원 사업과 이것이 가능한 연구 생태계를 만들기 위한 평가 제도, 연구 문화 혁신은 여태 내가 알던 공공 연구개발의 리더십과는 분명히 다르다. 선도형 과학기술 리더십이 왜 필요한지, 어떤 리더십이어야 하는지에 대한 그의 깊은 고민은 우리의 미래를 생각하는 독자에게 큰 울림을 줄 것이다. 한 번쯤 안주하고 쉬어갈 수 있었음에도 끊임없는 혁신으로 미래 과학기술 리더십의 역할모델을 제시해준 KIST 윤석진 원장에게 찬사와 격려를 보낸다. 그가 과학자이자 경영자로 오랜 시간 활동하며 얻은 소중한 지혜와 깨달음을 선물처럼 건네는 이 책이, 대한민국 과학기술 혁신의 이정표가 되기를 기대한다.

최정우(포스코홀딩스 회장)

이 책은 과학도이자 연구자, 경영자로서 한국의 과학, 나아가 사회 발전을 위해 고뇌한 저자의 살아 있는 증언이다. "배는 산으로도 가야 한다"며 두려움 없는 도전의 필요성을 역설할 뿐만 아니라, 지난 35년 동안의 불타오르는 정열, 개방성에 대한 믿음 그리고 책임감을 가감 없이 담고 있다. 많은 후학에게 미래 준비의 시금석이 될 것이다.

책을 덮으면서 알베르트 아인슈타인의 "과학, 그리고 창조적 정신 활동의 진전은 권위주의와 사회적 편견의 제약에서 벗어난 사고의 자유를 필요로 한다The development of science and of the creative activities of the spirit requires a freedom that consists in the independence of thought from the restrictions of authoritarian and social prejudice"라는 말과, "창의성은 용기가 필요하다"는 르네상스 창조 경영의 의미를 다시 한번 곱씹어볼 수 있었다. 뜻깊은 책을 추천할 기회를 얻게 되어 매우 기쁜 마음이다.

문길주(홍릉포럼 이사장)